一本书学会
交往礼仪

陈明慧 编译

THE ETIQUETTE BOOK

光明日报出版社

图书在版编目（CIP）数据

一本书学会交往礼仪 / 陈明慧编译 . –– 北京：光明日报出版社，2011.6

（2025.4 重印）

ISBN 978-7-5112-1120-0

Ⅰ . ①一… Ⅱ . ①陈… Ⅲ . ①心理交往—礼仪—基本知识 Ⅳ . ① C912.1

中国国家版本馆 CIP 数据核字 (2011) 第 066096 号

一本书学会交往礼仪

YIBEN SHU XUEHUI JIAOWANG LIYI

编　　译：陈明慧

责任编辑：温　梦　李　娟　　　　　　责任校对：米　菲
封面设计：玥婷设计　　　　　　　　　责任印制：曹　净

出版发行：光明日报出版社

地　　址：北京市西城区永安路 106 号，100050

电　　话：010-63169890（咨询），010-63131930（邮购）

传　　真：010-63131930

网　　址：http://book.gmw.cn

E – mail：gmrbcbs@gmw.cn

法律顾问：北京市兰台律师事务所龚柳方律师

印　　刷：三河市嵩川印刷有限公司

装　　订：三河市嵩川印刷有限公司

本书如有破损、缺页、装订错误，请与本社联系调换，电话：010-63131930

开　　本：　170mm×240mm

字　　数：170 千字　　　　　　　　　印　张：13

版　　次：2011 年 6 月第 1 版　　　　印　次：2025 年 4 月第 4 次印刷

书　　号：ISBN 978-7-5112-1120-0-02

定　　价：45.00 元

　　如何与人交往？这恐怕是自从人类社会存在以来人们最为关注的问题了。可是，该怎样给这个问题以一个完美的答案，对于任何人来说都不是一件容易的事。德国的克尼格男爵综合多年的思考与习得的经验于 1788 年写下了这本他一生中最具影响力的作品，目的便在于传授人际关系之道。时至今日，克尼格仍然作为经典礼仪的代名词受到广泛尊重。

　　把克尼格男爵的礼仪称为西方经典礼仪，不仅仅是因为该书在自1788 年以来的两百多年中被再版上百次，畅销不衰的光环使得克尼格男爵在书中论述的在处理人际关系时应该遵循的一些普遍准则得到广泛传播和接受，更是因为书中所折射出来的克尼格男爵那善于思考的熠熠光辉：生活的细节是他的灵感源泉，潜心的理解与分析是他著书立说的思想武器。从这个意义上说，克尼格乃是一个思考着的生活哲学家，并凭借此书开辟了人际交往论说的新天地。

　　也许有人会提出这样的疑问：两百年前的人际交往准则恐怕早已不合时宜，它们对于我们现在的生活还能起到指导作用吗？答案当然是肯定的。正如刚才所说，克尼格礼仪乃是一部侧重于传授人际关系之道的经典，它论述的是贯穿于整个人际交往过程中的总的规则，它的宗旨是"使您的言谈举止尽可能地给社交生活带来和谐与愉悦，并使您周围的人也能保持健康和愉快的情绪"。如果把克尼格男爵的礼仪仅仅理解为普通意义上的给我们提供譬如餐桌礼仪、服饰礼仪等的实

用文本则太过狭隘了。

阿道夫·弗莱尔·冯·克尼格于 1752 年 10 月 16 日出生于德国汉诺威市附近的布兰登贝克，1796 年 5 月 6 日卒于德国的不来梅市。他的父亲菲利浦·卡尔·弗莱尔·冯·克尼格是宫廷法庭枢密顾问。阿道夫小时由家庭教师教学。非常不幸的是，他在 10 岁时失去了母亲，3 年之后他的父亲也离开了人世。但是在 1766 年，坚强的阿道夫开始在哥廷根大学学习法律，后来成了皇宫贵族。

克尼格男爵一生所著之书甚多，本书是他关于礼仪著作的精华汇集，是他关于礼仪思想的精髓。全书内容包括礼仪入门，与亲属、朋友的交往礼仪，与不同身份地位的人士的交往礼仪三部分。全书着意于教会人们掌握礼仪的准则，提升自我的素质，从而帮助自己走向成功的人生！

目 录　CONTENTS

第三篇　与不同身份地位的人士的交往礼仪

第一篇
礼仪入门

引　言

1

我们见到过最聪明、最善解人意的人做出让大家摇头的事情。

我们见到过最通达事理的人成为恶劣谎言的牺牲品。

我们见到过既富有处世经验又灵活的人在处理日常事务时采取了不正确的方法，导致自己的努力白费。他们有着别人所没有的理智，却常常被他人的蠢事和怪念头所干扰，受到能力差的人的执拗脾气的牵制。他们会被一些无足轻重的笨人坏了事，被动地行事并受到不公正的待遇，而能力差的和未成年的人却凭感觉用聪明人想都不敢想的方法做事情。

我们见到一些行为正派的人常常遭到误解。

我们见到过那些最诙谐、最耀眼的人在社会上受到所有人的关注，每个人都渴望捕捉到从他们嘴里说出的每一个词，而这些明星却并没有从中获益。我们见到他们最后不作声了或者只是说一些平常的事情，然而另一个无知的人把他偶然从哪儿听到的几个词语乱说出来再修饰一下，却引起了公众甚至文化人的注意。

我们见到那些光彩照人的美女并非处处受宠，而外表普通的人却得到大家的喜爱。

所有这些现象似乎是要告诉我们，满腹经纶的男人虽然天生就具备内

1

心和外表所有的优点，又富有修养，但并不总是受大家欢迎。这里不包括那些由于缺少人情世故的经验，特别不会处世而受到别人的冷落的不幸者。

这里谈论的不包括智者自愿放弃来自重要的或无足轻重的人的赞赏：一个优秀的男人在不被理解时就自我封闭起来，一个幽默又有修养的人在一群无聊乏味的人中间不那么屈尊地开玩笑；一个自尊傲气的男人不屑于改变自己的性格来适应每个对他来说不重要的交际圈，接受了那些年轻的公子从旅行中带回家乡的看法，而这看法正好可以提升一个风骚女人谈话的兴趣。谦虚谨慎和安静会给年轻人的形象加分，而不是像今天这样，大部分年轻人是如此的出言不逊，只顾自己、爱闲聊。一个品质高贵的男人越是聪明就越谦虚，而不会去纠缠不休。一个人越是对自己的真实的成绩发自内心地自信，他就越不会卖弄自己的长处，就像真正的美人不会通过许多不足道的恋情来宣传自己。这里所说的一切都是正常的——我就不加谈论了。

我也不想谈论一个虚荣心得不到满足的男人，他想要别人一直捧着，奉承着他，当这些满足不了他时就会很失落；也不想谈论一个乏味的书呆子被伤害的傲慢，因为他的不幸是发现自己不是处处知名，不是每个人都追捧他，将他看作启蒙的明灯。一个死板的教授已经习惯了他沾满灰尘的外套，手拿讲义，向一群好奇注视着他的嘴上无毛的学生宣扬大道理，然后看着学生怎样认真记下他每半年复述一次的庸俗的讲课，每个学生是怎样敬重地向他脱帽致意，有些学生在毕业后成了国家法律的制定者，却仍然在周末拜访他。如果这样的人有朝一日去某个官邸或城市访问，却不幸地被人忘记了名字，不幸地在一个有20人的高雅场合里完全被忽视，或被某个不相识的人当作服务生来使唤，他就会满脸的不愉快。或者一个没有人际交往知识，完全与世隔绝的学究在他写的一堆书中努力地研究，然后十分沮丧地发现自己的观点既有瑕疵又陈旧，像是自己穿着30年前流行的新郎装坐在那里，啰唆又言之无物。以上这些情况都不属于本书讨论范围。

同样我不谈那些恶劣的玩世不恭的人，他们遵循霍屯督族的风俗，鄙视一切日常生活中利己利人的原则，我也不谈论那些只有蛮劲而不相信道德习惯和礼貌的人。

我觉得即使世上最明智最聪明的人在人际交往中，想赢得大家的尊重，获得别人的好评的时候也会有行为上的不足之处，所以我在这里给出一些提议，防止霉运总纠缠最优秀的人，或是防止有些人因冷淡和不合群的脾气掩盖了自身优秀高尚的秉性。

不是他们！我的讨论是针对那些拥有美好愿望、诚实本分的人！他们具备各种优秀的品质并迫切地追求进步，自身提高的同时也不忘记帮助别人。还针对那些没有前面所说的品质，也没有什么辉煌成绩的人。前一种人拥有如此优良的品质常常不快而后一种平庸的人却得到了人世间所有的快乐，这是为什么？其根源就是法语里叫作"esprit deconduite"的东西，即人际交往艺术。每个人都需要它，常常是学习过这门技巧的资质一般的人比那些聪明幽默的人表现要好得多。

这门技巧会让人成为焦点和注目的对象，且不会招来妒忌；能够正确地依照人不同的性格和喜好来交际；能够在不同的交际圈中游刃有余并且保持自己的风格，不去向别人献媚。那些天生没有这种能力的人要通过后天的努力去学习随机应变、合群、懂得谦让忍耐，在适当的时候拒绝，能够控制自己强烈的情感，保持对自身和性格过于外露的警惕。人们要掌握每一种交际方法，但要和扭曲、低级、如奴颜媚骨的笑脸逢迎区别开来，这种人受任何人使唤，为任何人牺牲，目的就是混口饭吃。他们为了利益给流氓唱赞歌，面对不公却选择沉默，做谎言的帮凶，还去歌颂愚昧。

和不同的人交往时需要不同的交际技巧，我不想对此写一本评论的书，而是写一本多年来我对不同性格、地位的人私下观察的经验总结，这本书不是面面俱到的，但也许会引发新一轮的思考。

一位先生在他的书中评论道："请大家允许我在描述中有冒犯某些读者的地方。"他所指的估计就像我上面写的那些文字，这是可能出现的！一本关于日常生活百态的书不可能像写提纲那样干巴巴的。这些描述无疑会冒犯某些书呆子的正常心态和精神状态。相反，如果谁想描述人们的生活习惯就会发现不是这么简单的。他无法掩饰自己的愚蠢，感觉自己是个总干傻事的人，然后麻烦就开始了。比如说我讲了一个教授做的可笑的事情，这位教授在他的研究领域中被看作明灯似的人物或预言家，但除此之外却是一个可怜的人，那么我认为他看到我写

3

的关于他的文字会很生气，可能引发他写一篇批评本书的评论。仅这一个行为就没有体现出这本书的价值。前面提到的评论中有一处用心十分险恶的地方我不能忽视，就是一个著名的人士指责我："你本应该制定出标准来衡量哪些品德是不好的。"我要求他在我写的任何一本书中找出一个地方，可以证明我的批评污蔑了读者。

2

如果你想和来自不同阶层、不同地区和城市的人交往时都得到好评，在任何一个圈子都应对自如，不受排挤和委屈，可能在欧洲没有地方会像在德国这么难。因为没有其他地方在同一个时期内有那么丰富多样的语调，教育方式、宗教的和其他方面的观念在地区之间存在如此大的差异，各地区的特色又仅限于他们的人民和地域，这根源于德国各州之间需求和爱好的多样性，还有对待其他外来民族时的差异。德国不同的阶层在已过时的偏见、教育方式和部分国家法律的划分上比其他国家更加明确，这些阶层之间的差距很明显，哪个国家会比德国贵族的祖先在思维方式和教育上受到更多的西方道德和政治的影响？哪里的商人会比德国商人更少受到来自其他阶级的干预（要我除去直辖市吗）？哪里有比德国更多的学生社团？它已成为一个完全特别的种类，成员大部分是侯爵，只有一定家庭背景或级别的人才可以加入。哪个国家会比德国消除了更多的利益关系？这一切并不是由某些全民关注的一般的国家需求、民族事务和国家的作用所引起的。德国和英国不同，英国的焦点是维护宪法、民族的自由和幸福以及国家的繁荣。一些具有独特性的追求和创造在以上哪个方面能够统一？德国不像其他的欧洲国家，要么是由唯一一个领袖统治，要么只有一个对全民族都重要的利益为根本出发点，比如瑞士。德国也不像别的国家只由一个地区来统治或生活在专制之下，思维方式、言论、舆论一般都受到严格的控制。总的来说，不管德国的宪法是如何组成的，有一点是毫无疑问的，它具备很多起决定作用的优点。但仅这一点也不能确定它影响到某些地区和国家舆论导向的不同，并造成一些相互隔离区域的差异。那么这就是为什么我们的演员、编剧和小说家要更刻苦地学习，

他们必须认识到所有这些细微的差别，经过加工把它们原汁原味地展现出来。相比之下法国的情况要简单很多。法国各城市和省份之间风俗习惯的差异不是很大。同样的原因，在德国我们见到哪部文学作品能得到众口一致的赞扬？这导致德国几乎很少有具有里程碑意义的作品能够流传下来。最终这一切的结果就是德国各城市和地区之间的人际交往十分困难，相互都觉得很难协调一致。当一个正直、幼稚、有时有点土气的巴伐利亚人要回答一个正派的萨克逊人一口气提出的严肃的礼貌的问题时，他会觉得十分尴尬。对笨拙的威斯特法伦的人来说，一个奥地利人用完全陌生的方言所喊出的话语都是希伯来式的。莱茵地区的人由于和法国邻近的关系而日趋出现的经过刻意修饰的礼貌和灵活，这在下萨克森的某些城市被看作是纠缠不休，无耻下流的行为！因为那里的人们认为，一个十分谦卑和随和的人必定是居心叵测的，有危险的企图，要么是虚伪狡猾，要么是穷困潦倒需要别人的帮助，才经常会表现出过分的礼貌。像这样的举止可以在莱茵地区博得大家的喜爱，而在下萨克逊只会招来蔑视。相反一个不很冷酷的、只是有点轻率和自负的下萨克逊人不会急于和陌生人交好，也不会在因旅行而身心疲惫时还保持认真的态度，在和别人初次相识时会有点尴尬，这种举止在宫廷里被看作是一个不讲求生活方式、闭塞畏缩的人。假如想根据不同的地点、时间和状况调整自己，并从旧的习惯中解脱出来是需要学习和艺术的。

3

有些地方的居民既没有对国家不满，也不懒惰，民风淳朴，他们只是在不停地盲目工作，也没有好打听、多管闲事的习惯。这让那些讨厌的家伙纷纷逃离出去，跑去旅行或远足。这些居民除了吃惊于成长过程中经历的家乡的变化，或者亲眼看见他们的亲戚和朋友怎样在这片土地上集资建设，再也没有见到过也不想看到更壮观的画面，他们对眼前的一切也许是真心满意的。对于他们，一年中的小节日总是充满趣味和新鲜感——幸福的无知啊！而那些一生中到过很多地方，经历过很多事情，目睹过无数建立和摧毁的人，最终没有东西能给他

们带来更多的快乐和惊喜，在他们的眼中所有的一切都是有瑕疵和无趣的，无法驱赶的厌世情绪占据着他们的心灵。几年前的一天，由于一笔重要的生意我在严寒天气开车60多千米从一个地方赶到另一个地方。碰巧在我行程的最后一站要举行活动——下葬一位将军。全城从一大早就呈现出少见的忙碌。所有人都在谈论这位将军的葬礼。我的一个老友是军官，他在旅店见到我就问："你是从哪里过来的？"我告诉了他，一时间这个好心人忘记了我来的地方离这儿有60多千米，这样的活动是不值得我在这么糟糕的天气下过来的。而他竟然说："哎，您一定是来观看我们将军的葬礼的。那肯定是很壮观的！"

对此我不敢取笑。所有的人都想得到最好的东西。当然我也承认，有时对本地风俗的忠诚会让人变得不公正，很固执，这些细小的不同可能会在礼貌、衣着、声音、语调或表情上不自觉地表现出来，最后导致狭隘。直辖市里对父辈习俗的遵守，服装式样的继承，或其他类似的情况也很引人注目，这对政府的法律制定、宗教自由和其他重要方面的影响不少。

所以在一个地方所有加尔文教派的商人将他们的花园装饰成荷兰风格的，如果我听到这个教派里一个持有不同看法的人说道，他在他的花园里布置了各式各样路德教派的绘画，那么离我的目标不远了！我认为，德国各城市之间风俗和氛围的不同让人觉得在家乡以外的地方受到别人的欢迎很难，建立友谊和寻找志同道合的伙伴的机会很少，更不要说征服和影响别人了。

这种困难在不同地区和不同教育背景的人身上体现得更加强烈。谁没有经历过那种无比的尴尬和无聊？当我们进入一个完全陌生的圈子，那些热情的谈话不能进入我们的心里，在场的人的谈话方式，所有的风俗习惯和举止与我们的完全不同，真是度日如年啊！我们对处境的无奈和抱怨都写在了脸上。

据说有人见到一位诚实高尚的农民多年后又出现在他主人的院子里！一大早他就打扮好自己，为了没有烟味他放弃了多年的习惯，没有抽烟斗。当他在主人的饭厅里忙碌并把一切都收拾停当时，城里的路上还很安静，没有一个人，他想要帮主人渡过生意上的难关，把自己打扮得如同宫廷大臣一样。他终于准备好了一切：卷曲的搽过油的

头发，平时他总是戴着睡帽；今天放弃了外面新鲜的空气，却要忍受剧烈的头痛；丝绸袜子配上到现在才舍得穿的靴子；下面裸露着的双腿让他冻得发抖。预定的外衣没有多年陪伴他的那件旧大衣暖和舒服；那把军刀随时会跑到腿中间去；他不晓得手里拿着帽子该怎样说话；光是站立都让他气愤得无法忍受。就在这样糟糕的情况下他来到了前厅，满满的内廷大臣拥在他旁边，虽然他们加起来也不比这个诚实做事的人更有价值，而且他们内心的无聊也很折磨自己，但是他们还是看不起这个农民。他感觉到每个人的嘲讽和冷淡，并觉得自卑。别人围着他漫不经心地却又装作一本正经地问他问题。那些问题是如此的冷漠，他根本不去回答。他相信有人会和其他人不同，会同情他，他可以和这个人讨论一些对他和国家来说重要的东西：财政状况、所在地区的生活水平。他热情地说着，所说的一切都是发自真心，但是很快他的希望就落空了，那些年轻人听得心不在焉，随便说了几个无关的字打发他，让他傻站在那里。现在他走近了一个看起来谈话充满兴致和生气的圈子，他希望可以参与到谈话中去，但是听到的所有的内容、语言、措辞、习惯用语对他来说都很陌生。他听到一件他从未注意也不会相信的事情在用德语和法语讨论着。他觉得这件事情德国的男人是不会去做的。每时每刻他的尴尬和焦虑都在增加，直到他终于盼到了这该被诅咒的谈话的结束。

假设把位置调换一下，让一位高贵的大臣到农村，与正直的官员和地方上的贵族在一起。这里的快乐是无约束、坦率和自由的；人们议论农民关心的话题，这里的人说话脱口而出，不用考虑再三，开的玩笑很自然也有意思，但是并不伤人，也不牵强。我们这位大臣想尽快熟悉这种交往方式。他参与别人的谈话，但他的表达缺少坦率和真诚；在别人那里是自然的，在他这里就成了侮辱。他感觉到了这点，想让大家知道他的谈话方式；他希望被看作是这个城市里一个令人舒适的谈话者；为了引人注目他绷紧了所有的弦，光是他用优美的语言讲的那些普通的事情对别人来说就是完全陌生的，于是他白费一番工夫。大家觉得他在恶意造谣诽谤别人，那时城中没有人告他诽谤别人。他对别人也许是实心的赞美被看作是虚伪；他礼貌和恳切地对女人的溢美之词被看作对她们的嘲讽——两个层次的人说话的差异竟然这么

大！

一位在文学领域里小有名气的教授认为，他的研究方向是他所在大学里的重中之重。他从事的专业是唯一一个对人类有用的、要真正付出努力的有价值的学科。不重视该学科的任何人都要遭到他的蔑视。一位希望在旅行中认识这位名人的女士如果去拜访他，他会送她一本是用拉丁语写的新书。

大约在20年前，那时人们没有完全失去对大自然和教育的控制，还是有机会发表评论来预防一些自己不能克服的危险。如今我孤单无趣地生活不是因为仇恨别人或是羞涩，而是有很重要的原因，仅就这一点我就可以借题发挥很多篇幅，因为我必须要在进入正题之前在导论中谈谈我个人在这方面的经验——那么请继续阅读。

4

在我还年轻，几乎还是个孩子的时候就步入了社会，踏进了宫廷。我的性格活泼好动，血气方刚。我的某些癖好还没有表现出来。在父母身边的我有点被娇生惯养，总要让别人替我着想，照顾我，对于这一点大家都习惯了。在一个没有虚伪和阿谀奉承的国家里成长，我当然缺少那种随机应变的能力，因为有了它才可以让我在一个陌生的专制国家里得到发展。青年时代关于怎么样处世的理论我学得不好，而且常常有来自现实的压力，所以我自己这方面的经验不是很丰富。如果谁有幸轻易地掌握了这些处世的技巧就会大大获益。曾经有段时间我在小心翼翼地学习，今天还能回想起一幅小小的场景：我坐在意大利一个歌剧院的C排，一个上等的包厢内。我比那位大臣来得早，因为我没有在宫廷，而是在城里的餐厅里吃饭。歌剧院里人很少，整个第一排就坐了一个司令官——一位伯爵，很有威望的白发老人。看起来他把时间估计得晚了，因为他很无聊并注意到了同样无聊的我。于是他走进包厢开始和我说话。看来他对我说的许多我略有了解的话题都很满意;这位老人变得越来越友好和平易近人，这就让我更加肆无忌惮，说的话更加出格，都有点恶意中伤了。最后我忘记了自己在说话时有欠考虑的毛病;这位伯爵严肃地看着我，然后一言不发地回到他的座位，

而把我一个人留在原地。我感觉到他对我强烈的不满，但这种感觉没有持续多久。我活跃的性格让我变得矛盾：我做事仓促，不是过头就是火候不够。总是来得太早或是迟到，因为我不是做错了这个就是在纠正那个。所以我的行为总是充满矛盾，并且几乎错过了所有可以成功的机会，因为我连一个简单的计划都没有做出。最开始我毫不顾忌，太开放，做事不仔细，因此吃过许多亏。随后我就改变了自己的行为举止，做一个细致的大臣。我的举止变得矫揉造作，那些才能出众的人不信任我；我八面逢迎却失去了威望和内心的尊严。别人对我很不满意继而远离我，我则变得古怪，这引起了轰动：人们挑选了我，就像选中所有稀奇的东西一样。这又勾起了我社交的欲望：我接近了新的东西又再退回来，原来我能受周围环境的启发，现在消失了。又有一个时期我嘲笑那些愚蠢的事情，有时也开玩笑；人们害怕我，但他们不喜欢我，这让我伤心。为了补救，我展示了自己美好的一面，发挥我亲切、友好的特点，不会去伤害别人。有时我挖苦人的兴趣被一些轻浮无聊的朋友挑起来，我就会对做过大大小小蠢事的人评论一番；爱开玩笑的人大笑起来，聪明人摇头表示不满，对我冷冰冰的。为了展示我是没有恶意的，我停止诽谤他人，并且对犯下的错道歉，于是现在有些人觉得我是个讨厌的家伙，有些人觉得我很伪善。如果我选择和那些最优秀开明的人交往，就不用指望笨蛋来保护我了，我会放弃他们，这样的话我就和那些优秀的人在一个档次。如果和没受过教育、层次低的人交往过密，那会带坏我；一旦他们冒犯了我的虚荣心，我就会用行动来破坏我们的关系。很快我就让那些愚蠢的人感受到了非常大的压力并远离我；很快我变得过于谦虚而被大家忽视，然后我就依照所有不重要的人的习惯和方式来做事，我在那些人身边失去了我的黄金岁月，还有智者对我的重视及我对自身的满足，我过于轻易地扮演了一个失败者的角色，因为我缺乏自信，本来我是可以并应该引人注目的。有一段时间我很少出门，别人觉得我是因为骄傲，或面对人群会羞涩；而又一段时间里我四处走动，哪里都可以看到我的身影。在步入少年时代的最初几年我不假思索地把自己完整地献给每一个称之为朋友并对我表示出好感的人，却常常被卑劣地欺骗，心里那些最美好的期盼总是落空。自那以后我成了每个人的朋友，打算去迎合每个人，然而却没人全心全意地对我，因为他们不喜欢一个把

感情分成许多份分给别人的人。如果期盼太多就会落空；如果不相信忠诚和耿直，在人群中游荡，就完全得不到乐趣也参与不了任何事情。我从来没有如此小心地掩饰我的缺点。就这样，人们常说的一生里能够撞好运的年月就白白流逝了。现在，我比以前更了解别人，经验让我头脑清楚，小心谨慎，也许能够教授别人怎样去施加影响这门艺术。现在应用它对我来说太晚了。我弯腰鞠躬都费劲；我已经没有很多闲时间可以去浪费；在我的余生里我想追求的一些东西已经不值得去花费精力。年龄和经验都已成形的男人一样很少，我说现在实践太晚，但是教年轻人走上一条正确的路并不晚，那就让我们尝试一下开始吧！

第一章

与人交往时一般的注意事项和规定

1

　　每个人在这个世界上的价值都取决于他的真才实学，这是一个黄金法则。与此相关的内容很多，甚至可以写成一部关于交际态度和如何达成目的的书；这句话所反映的真谛适用于各个年代。探险家和自吹自擂的人从中学到要在人群里充当重要人物，就要去结识那些伯爵和政治家，和那些不把自己放在眼里的人用一个腔调说话，通过他们至少可以吃到一些免费的饭并获准进入高档场所。我认识的一个人就是这样和约瑟夫皇帝及考尼茨伯爵熟识的，尽管我很肯定皇帝和伯爵并没有记住他的名字，只知道他很吵闹，是一个讽刺作家。没人关心他究竟如何在短时间内和皇帝与伯爵这么熟络。但是，人们只要有求于皇帝就会找他帮忙，然后这个人就不知羞耻地给一位维也纳的大人物写信，信中提到他的这些尊贵的朋友，其实他并不是要办什么事，只是想从这位大人物那里得到些友好的回应，以便他继续扩大自己的影响。

　　这类经验让那些无耻又一知半解的人更加猖狂，对一小时前才读过或听到一个字的事情就做出判断，甚至连在场的那些谦虚的文学家都不

敢反驳和提问的事情他们也敢作决定，有了这种经验，想向上爬的笨蛋就混到了政府里的要职，而那些做出过巨大贡献的人却还在原地。

有了这种经验就能明白为什么大人物的身边总是不可缺少那些最没用又不会办事的"天才"，既没有天赋和学识，又唯利是图，放荡地生活。

这种经验决定知识分子、音乐家和画家名气的大小。有了这样的经验，一位外国艺术家的金路易就可以卖上百元，而本国人制作的品质要好上10倍的金路易，却只卖到50塔勒；人们都争先恐后地买外国货，以至于供不应求，最后只好由本国人来制作再以高价卖出去。

有了这样的经验，作家就能骗取对他充满赞誉的评论。当他写道，他的书受到他引以为豪的朋友和学者的表扬时，他的书顿时增色不少。

这样的经验给那些只想借钱而无力还钱的优雅的破产者以勇气，因为他们以欺骗那些富有的趋炎附势者为荣耀。

几乎所有请求保护和升职的人都是用这种方法实现目的的，没有受到拒绝；相反地，那些谦虚胆怯的人得到的是藐视和冷落，他们合理的愿望也不能够实现。

这个经验教给仆人要在他喜欢行善的主人那儿显得很重要，他会认为有这样的主人是他莫大的荣幸。总之一句话：每个人的本事是多少就是多少，不会被高抬或低估。

这条重要法则是冒险家和爱吹嘘的人、生活放荡和肤浅的人生存的万能药。我对这个放之四海皆准的法则就不评论了。但请安静！这句话难道对我们就毫无意义了吗？不，朋友们！它教给我们，不要不顾贫穷和职业去揭露他人经济上、身体上、道德和智力上的缺陷；不要降低身份去吹嘘和编造低级的谎言。这样就不会错过展示自己长处的机会。

这种方式一定不需要粗枝大叶、过于张扬和引人注意，因为那样我们会失去更多。而必须给人们以勇气，自己去发现比第一眼所看到的更多潜藏于体内的东西，如果有人悬挂出一幅非常醒目的招牌来吸引更多人的注意，其他人就会发现招牌里出现的人都不可避免地存在小错误，同样的道理也适用于我们。所以，要把内在的尊严以某种谦虚的姿态展现出来，最重要的是从你的脸上能读出真理和正义！必要时要表现出理智和学识！不要太过度，以防引起妒忌和挑战，也不要太含蓄，以防被忽视！让自己

变得珍贵，不要让别人觉得你是怪人，或太羞怯，或是高傲自大！

2

请追求完美，但不仅仅是形式上的完美无缺！人们按照你的表现评价你自负，他们还算公道，没有用狂妄来形容你。那么这意味着你只要犯一个小错误，别人就会认为你这个人根本不值得原谅，而那些素质低的人开始像过节一样去揭露一个已经很沮丧的人的缺陷，你就会被看作唯一一个比只做恶毒行为和蠢事的人还要厉害的失足者。

3

不要成为听从别人意见的奴隶：独立一点！当你做应该做的事情时何必在乎别人的想法呢？如果用光鲜闪亮的外貌来装饰你脆弱卑微的心，并以此苟活于世上，那么你外露出的品德又有什么价值呢？

4

永远不要为了衬托自己而在背地里指出你周围人的缺点！请不要为了表现别人的无能就去暴露他们的错误和闪失！

5

请不要把别人应得的功劳算在自己头上！当别人出于对你所跟随的有地位的人的尊敬而对你也表示礼貌时，千万别洋洋得意，而是要谦虚地意识到，如果你是独自一人来的，那么这些待遇可能就没有了。

试着自己做成事情让别人尊敬你！宁愿当一个凭借自己发出微弱亮光的小灯泡，也总比借着太阳发光的月亮或一个行星的人造卫星好！

6

当你若有所失，承受不幸和痛苦，受到贫穷、过于理智、讲究原则或意志不够坚强的困扰，你的悲伤和脆弱只向能够帮助你的人展示，否则连你忠诚的妻子都不可以！可以分担痛苦的人很少，几乎所有的人都会加重它！是啊！当看到你不愿面对命运安排时，很多人会远离你，一旦他们察觉到你孤立无援，就都不再来关心你。噢，不要记恨任何人！谁有这个勇气坚定地支持一个被全世界抛弃的人？谁有这个勇气说：我认识这个人，他是我的朋友，他比所有诽谤他的人都要好。要是你真的发现有这种人的话，那么他也就是另一个境遇糟糕的可怜虫罢了，出于绝望他寄予希望在别的东西上，他的帮助带给你更多的是伤害而不是益处。

7

不要大声宣扬你是多么的春风得意！不要炫耀你过去是多么的风光、富有和聪明！面对这样的夸耀人们很少有不咕哝和妒忌的。和别人不要过于亲密！别为周围的人做太多的事！他们会像扑向不用付钱的信徒一样的朝你这位行善者拥来。请保护自己，不要在旁人眼中变得太强大，不要让别人总有求于你，一次拒绝就可以一下子抵消你千次做的好事。

8

首先要提醒你，不要失去对自己的信心、对好人的信任！一旦旁人从你脸上看到了沮丧和绝望——那一切就完了。人常常会在走霉运时毫无理由地指责别人。你的一点坏心情、一个冷冰的表情都会让正在倒霉的人归咎于你。人们认为，每个人都看到我们在忍受，这会使善良的人打消让我们帮他做事的念头。

9

性格很活泼的人特别要注意这一点。因此我建议当碰到一个出乎意

料的问题、一个不寻常的事情或任何其他让我们吃惊的时刻，要沉默一分钟，给自己时间思考。就像一个脱口而出的大意的词语，或迷乱中做的事情都能导致将来后悔，带来不良的后果一样，在很容易失去判断的关键时刻做出的果断的、当即执行的决定会挽救局面，带来幸福和安慰。

10

要尽可能少地去麻烦别人！常常会碰到早晚都在为一些小事很操心的人，这样交际中的平衡就受到影响，自由会减少，很难不受约束地做出选择。即使十次里只碰到一次让我们尴尬或愤怒的时刻，试着去避免那仅有的一次也是明智的。要乐意去服务他人，人们常常被动地接受别人的要求或别的什么，热心做好事的人很少。我的朋友们，去试试吧！当你说道："我必须恳求您的帮助，我现在无比的尴尬。"你们的熟人里有几个不是在正高兴的时候拉长了脸？

为了减少麻烦最好的办法就是要求少一点，适可而止，愿望简单一点。谁要是成天醉心于幻想之中，一会想要名誉职位，一会贪图暴利，一会渴求淫欲，沾染上这个时代好奢侈的习气，羡慕所有看在眼里的东西，受到可悲的好奇心和欲望的驱使，卷入对大家都没有益处的争执里去，他就当然不会放弃借助外力来满足自己无限制愿望的机会。

11

没有任何一条规则是普遍适用的，可以保证我们获得长久的尊敬和友情，但下面的除外：哪怕是多么微不足道的事情也要坚持不懈地做下去。遵守诺言，忠诚于誓言，说话要诚实，人永远没有权利和合法的理由去反对别人的想法。即使有权利、有原因，也不能把我们所想的全部都表达出来。没有善意的谎言，只要说出了谎言早晚都会被发现；从来都恪守承诺只说实话的人一定会赢得大家的信任，并深受别人尊敬。

12

对待工作请严格、准时，有条理并勤奋努力！保管好你的文件、钥匙和所有的一切，哪怕在黑暗里你也可以找到每样东西！处理别人的事情更要加倍地条理清晰！不要把你借来的东西再借出去！如果借了别人的东西请在恰当的时间内归还，不要等着别人或他们的佣人过来取！每个人都乐意和说话算话的人打交道或做生意。

13

如果你想交朋友，可以去结识对你也有兴趣的人！要是某人不合群，不知道友情和爱情的珍贵，只考虑自己，那么这个人会被大家抛弃，得不到别人的帮助。

14

不能对别人过于坦率的原因主要有两个：首先是害怕我们的缺点因此暴露，并被人利用，还有就是考虑到如果习惯对别人无话不说，他们会要求我们解释每一个行为，了解所有的事情，想成为指导我们的师傅。但同样也不应该过于自闭，否则别人会认为我们行为的背后掩藏着某些或重要或危险的东西，这样我们会处于窘迫的处境，并且肯定会影响到你在公共生活里和高贵的朋友们的交往。

15

永远要记得人们想要的是开心和快乐；即使在能学到很多东西的谈话里，如果没有些许的笑话和愉快，时间长了人也会疲倦。在世界上没有比赞美和好听话更让人觉得高兴和愉快的了，但是一个聪明、耿直的人不值得放下尊严做一个低级的马屁精，不过还是有人愿意屈尊。

我建议他们发挥自身的影响，因为每个人都有长处，只要别人的

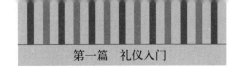
赞美不是离谱的，那么从一个明智的人口中说出的称赞就会成为追求完美的动力。所以给明白自己的人一个暗示就足够了。做你能做的，保持愉快的心情！没有比一个快乐、生气勃勃的心情更让人激动和喜爱的了，这种心情来自一颗无辜的、没有在狂热激情中骚动的心灵。如果让大家看出来他是在为了取悦别人而学着讲笑话，那么他不会长期受欢迎，不会被大多数人接受，也不会被追求更高雅生活的人所接纳。

要是一直开玩笑，他就变得轻浮，而且他一旦不在打开话匣子说笑话的状态，别的同伴就会不高兴。当他被请去吃饭，别人给他表现机会的时候，他会觉得很为难，因为他对这份荣誉所能报答的就是讲滑稽的事情。如果有一次斗胆提高声调讲严肃的问题，还没等说完人们就会当面笑他。真心的幽默和笑话不是被动造出来的，而是像一个天才出现时引起大家情不自禁地敬畏一样自然。

16

如果想指导别人，请不要在他还没实践之前离开，也不要让他离开你；要让他觉得舒服，并使他相信，和你在一起的时间没有白白浪费，让他感觉到你从心里面对他这个人感兴趣，你并不是在把你的礼貌毫无区别地送给他，就像对待随便的哪个人！

如果有可能，我很想看到交际中空洞的笑话都消失；非常希望人人都能够无所畏惧地留意自己，不要说那些没经过大脑思考和心灵涤荡的话语，既没用又不幽默。我也无意把这个方法推荐给那些毫无缘由就对每个人赞美、献媚，而让别人陷入尴尬的人。

顺便提一下，我不是在责备那种出自好意的礼貌和名副其实而又谦虚、鼓励性的赞美。举个例子读者会更加明白：一次我在一个宴席上，坐在一个漂亮又聪慧的年轻女士和一个矮小、驼背又丑陋的约40岁的小姐中间。在吃饭的整个过程中我没有礼貌，只和一个聊天而对另一个置之不理。在吃甜点时我才觉出了自己的失礼。于是我用另一个不正直和不诚实的行为来弥补我失礼所犯的错。我对她说起20年前的事情。她对此一无所知。"这不足为奇，"我说道，"您那时还是个孩子。"这个小个子非常高兴我说她这么年轻，就这一句我得到了她友好的评价——

她应该因为我低劣的献媚而鄙视我的。我找到一个她感兴趣的话题与她聊天是多么容易啊！我应该想到这点，并且在整个午饭过程中不向她关闭谈话的大门。当然，拙劣的谄媚不是改正一个错误值得采用的方法。

17

要想获得大家长期的尊敬，就要在消遣娱乐时不伤害别人，成为别人的负担。不要在谈话中有亵渎、嘲讽和诽谤的字眼，不可对别人嘲笑喝倒彩！可能有些情况是这样，并且某一阶层的人喜爱这样做，但人们因此会远离这个人并鄙视他。人们这样做是有道理的：因为一个充满感情并且明智的人对有缺陷的人持宽容的态度，他清楚哪怕一个没有不良企图的词都会对别人造成很大的伤害，而且他希望对话是透明和有益的，他讨厌无聊的嘲讽。

另外，我不想否认，任何讽刺都是不允许的。有些蠢事和没用的行为在少数熟人的圈子里会通过巧妙又不伤人自尊的，不是明显针对个人的嘲讽一带而过。我希望人们去赞美一切并宽容那些暴露出的错误，或者说我从不信任那些明显很做作的，总想摆出一副济世嘴脸的人。这些人大多是伪善者。他们想说些好听的，让人忘掉他们干的坏事，或者想利用别人的宽容来得到些好处。

18

不要传闲话，尤其是那些对别人有不良影响的话！这些话常常不是事实，或者是经过很多人的传播已经被夸大或歪曲了，最后得出的是一个全新的版本。这样的话会大大伤害到好人，也会引起别人的无比恼火。

19

注意不要向别人说起你和第三者之间的秘密、家庭谈话和你对熟人生活上的评价等事情！否则，即使你不是出于恶意，也会招来别人的不信任，引起口角和恼火。

20

在表示谴责和反对时要多多注意！几乎任何事物都有两面性。明智的人也会因为有偏见被蒙蔽双眼，而且完全从一个不同的角度考虑问题很难。别人的评价很难影响到聪明人的行为，或者你的谦虚要是能告诉你，你比那个聪明人还要明智就好了！实际上这是一件糟糕的事情。聪明人大多比别人活跃和热情，很少关心大多数人的评价，他们认为为自己的想法做过多的辩解是不值得的。那就顺便问一句："这个人又为大家做了什么有用的事?"如果他和一般人一样，做了点好事却犯了许多只影响到自己或一些不重要的小错误，带来暂时的不利之处，就忘记他吧！

当作一件有益的事情时，不要自以为能够考虑得很周到！有时一些人做了很多事，似乎影响很小，但每件好事必须依照它对社会产生的影响来评判。

21

警惕别让自己陷在令人疲乏、冗长无聊的报告里！某种程度的简练——用警句和格言，或者每个字都是经过斟酌的，我认为它代表的是一种天赋，一种可以用几个核心词来表达许多内容的天赋。从另

一种角度来看，这种天赋所带来的简洁也可以让不起眼的事情通过对细节的生动描述变得有趣起来。这才叫善于辞令，是一门真正的艺术，还是少啰嗦点好！请节约使用你的词汇和知识，这样你才不会因为过早缺乏素材而不得不沉默，而且别人也不会厌烦与你谈话。请让别人也发言并一起参与到谈话中来！有些人不自觉地在任何地方都充当了聊天的主角；要是50个人围成圈说话，这些人很快就会成为谈话的核心人物。

社会上有些人的行为很让人反感和厌恶，他们总在悄悄又兴奋地偷听别人的谈话，人们视他们为危险的观察者，这些人只会做一件事，就是把别人在未经思考时不小心说出的一个本不该说的事演化成一个阴谋。

22

有一类人在交往中只想获得却不愿付出。希望自己被别人哄着、称赞着、养活着，不愿有一丝负担；总是抱怨无聊，却从来不关心别人是否过得比自己好。他们舒服地坐着，惬意地听别人说话，却从来不考虑别人快乐与否——这太不公平了！

还有一类人说话的主题总离不开他们自己、自己的家庭情况、正在忙碌的事情、工作安排。在社会这个混杂的圈子里尽量少用只在特别的教育背景、所在的行业和特殊的生活方式下才会用的腔调说话。不说那些除你之外别人很难感兴趣的话题。不要在话语中提及你的朋友所不知道的潜台词，这潜台词出于他可能没读过的书里！如果不是所有你身旁的人都可以理解的话，就不要讲！学习用符合你身份和地位的方式讲话！最乏味的事情莫过于一位医生向一些年轻的女士介绍他收集的解剖标本。一位法学家对一位宫廷侍臣讲怎样获得财产，一位年迈衰弱的学者和一位风骚的女人在聊他的腿疾。

常常会觉得拿出些勾起人兴趣的东西很难。如果一个聪明人待在一堆对一切都没有兴趣的人群中，那么就没办法了！他不被理解不是他的错，在这种情况下他只好说些庸俗蹩脚的话来应付他们并安慰自己。

23

在自己最熟悉的朋友圈之外不要说太多关于自己的事情！你很清楚你告诉了一个朋友就等于告诉了全部的人，而且注意不要表现得自私。避免当朋友出于礼貌而问关于你本人、你的工作之类的问题时透露太多的信息！谦虚是最佳的美德，这个时代越缺少它，它就越成为一个有利的品质。未经许可不要向别人展示你的历史，讲你当年做的了不起的事情，不要好心地主动给别人向你求助的机会，你的交际不要影响到任何人，意思就是在社交圈不要失衡，让别人变得寡言，处境糟糕！

24

不要推翻自己曾在谈话里拥护的观点。人们对事物的看法是会改变的，因此不要仓促地盖棺定论，直到你把正反面所应有的理由都权衡过了再发表意见。

25

警惕因为记性不好或对自己不够关注而犯错误，或者完全沉浸在自己构造的想法里。避免在任何场合复述同样性质的逸事、玩笑、文字游戏和幽默。

26

不要为了增添乐趣而在谈话中讲一语双关的话，或暗示某些不是让人作呕就是会脸红、不好意思的东西。别人这样做的话你也不要表示赞许。一个聪明理智的人对此是没有兴趣的。即使在全是男性的圈子里也要端庄，请保持你的文静和对猥亵行为的厌恶。

27

别在谈话里引用那些人人会讲的名言。比如：要珍惜健康；滑雪

是冷中作乐；船到桥头自然直，我可以证明它们是错的；吃一堑长一智，可在生活中很少是这样；光阴似箭（这话根本不符合事实，因为时间是按一定的标准来计算的，它不会比它应该走的速度快，对某个人来说一年过得快了点，那他肯定是在那一年睡得太多或是他的感觉器官不灵敏）。类似的格言都很无聊，很少是有意义和科学的。

28

不要总问你的朋友一些没用的问题。有些人不是出于好奇，他就是习惯追问个不停，似乎非要问倒人，用正常的方式和这种人进行谈话当然是话不投机的。

29

学着接受异议。不要幼稚地固执己见。当有争吵或在别人嘲讽你举出的严肃的理由时不要发怒和粗暴，否则你就已经输了一半。如果不保持冷静，那么你很难听进别人的话。

30

在和朋友聚会、参加舞会、看戏剧或从事类似的活动时，不要和别人谈论自己的家务事，也不说不开心的事情。大家出去玩的目的是放松、休息，忘掉大大小小的烦心事。所以，想把别人扯进自己日常生活的烦恼中是不恰当，也是不礼貌的。

31

一个正直理智的人不会嘲笑重要的宗教理论，即使他不相信，怀疑它的真实性。我觉得这是不言自明的。同样的，教会的教义、某些教派里必须遵守的行为条例、重要的仪式等等都不得进行讽刺。要尊重别人也尊重的东西。给别人言论自由就等于给了自己言论自由。不要忘记了，

我们称为的启蒙运动某些人会认为是倒退的。尊重偏见会给别人带来安宁。不能给别人更好的东西就不要夺走他现有的。讽刺并不会改变什么，我们还未发达的理性很容易在这些重要的事情上辨别不清。作为道德基础的体系虽然有缺陷，但除非它自己崩溃，否则也很难被推翻，最终这样的事情是人们根本不能在社会里讨论清楚的。

32

当你讲述在行为、精神、道德或其他方面所犯的罪行，或者在讲逸事时要嘲笑某些原则或偏见，或者讽刺某个阶层的人，请先看一下身边的人有没有听了你的指责或嘲讽会联想到他自己，或其亲戚的可能。

不要指责任何人的外形，没人能改变他的身体，没什么会比让一个人意识到他不幸的与众不同的脸形或身材成为别人嘲笑或惊讶的对象更加伤人和气愤的了。稍微有些处世经验，与人打过交道就不应该那样做。但可惜的是常常会碰到些不能控制自己，或太缺乏礼貌和公正的人，甚至是地位高贵的人，特别是妇女，一看到外貌奇特的人就不能掩饰她们对此的印象。请思考一下，按照不同的欣赏品位所定义的美和丑是多么难以界定啊！符合标准的完美事物又这么少，经常在看上去丑陋的外表下是一颗美丽高贵和热情的心，还有一个高尚并善于思考的头脑，所以很容易发现，仅根据外貌而下一个不好的结论是不公正的。我们更没有权利根据自己对其外貌的印象通过嘲笑或其他让他意识到的方式来伤害他。

除了特别的外貌，还有不能取笑的东西，比如可笑乏味的表情、举止、肢体上的不协调、某些陌生的风俗、行为上的不检点、不寻常的过时的衣着或类似的东西。通过嘲笑或其他方式让在场的那个人意识到他的奇特，会让本来已责怪自己这样的人更加的尴尬。

33

书信是一种笔头的交往。几乎我所提到的所有私人交往都可以通过书信的形式进行。不要写过多的信，就像你的交际一样，这没有意义，

既花钱又费时。选择你的笔友要像选择你日常的交际伙伴和阅读书籍一样地谨慎。不要在信中言之无物，至少内容要对对方有用或带去快乐。写信要比说话更加的小心谨慎，仔细保存好信件也很重要。要相信疏忽这一点会产生不悦、口角和误解。一行没有擦掉的字，一次不小心忘放进信封的纸常常会毁了一些人的生活或整个家庭的安宁。

因此我不推荐信件的保险性，仓促中说的一个字会被忘掉，但写下来的字50年后依然可酿成悲剧。表达很重要的事情的信件必须要像平时一样通过邮局或叫自己的信使送去，千万别为了省邮资而让旅行者捎去或使用不规范的信封邮寄。别过于信任人的准时性。

在阅读信件时不要有别人在场，独自一人读信一是出于礼貌，二是小心从你的表情泄露出信的内容。

34

不要拿别人——哪怕是最差的人来开玩笑。如果他就是那么笨，那你的笑话也没有什么意思；如果他没笨到那个程度，那你可能成为他的笑料；如果他很善良，感情丰富，那你就伤害了他；如果他是阴险记恨的人，那你迟早要为此付出代价。当着大家评价别人时，不能为了赞美能力强的人，而去贬低能力差的人，蔑视他在你看来可笑的一面，好像所有的才能在他身上都消失了，也不会有向好的方向变化的可能。

35

不要用假消息、笑话或瞬间会引起不安和尴尬的话去吓唬和嘲笑任何人，甚至你的朋友也不行！经常会出现许多非常过头、让人不舒服和害怕的时刻，所以出于友爱我们应该避免这一切，哪怕这或真实或编造的不幸只会带来微不足道的影响。有些人习惯拿自己编的一个令人高兴的新鲜事来和朋友开玩笑，带给他短暂的喜悦，我同样觉得不合适。所有这样的打趣不会让交际更有趣，反而会更糟糕。也不要勾起别人的好奇心，或吓唬人。有些人习惯用神秘的话来警告他的朋友们："有个恶毒的谣言散布在你周围，可我不能告诉你。"类似这样的

事情不但没有用处，还给人带来不安。

更不能故意让别人陷入尴尬（比如批评一本书，而书的作者也在场），如果他犯了某个无关紧要的错误，那就设法帮他摆脱窘迫，把场面缓和一下。

36

小心看到一些人就勾起我们伤心的回忆。人们常会做些不聪明的举动，不管能否帮助我们，都要在我们面前晃来晃去，打听经济上或其他不顺的事情，总是试图让我们忘记让人高兴的东西。要对人性有充分的认识，可以根据一个人的性格、处境和忧愁的方式来判断，和在我们眼前的人谈话会减轻负担，还是更加重了。

37

当有人第三次提到不愉快的事情，或试图让别人感到羞愧时，请你不要参与进去，不要有赞许的笑容，最好装得像什么都没有听见一样。这种细致的举动别人会感受到，并会为此而感谢你。

38

关于习惯于批评别人荒谬、喜欢反驳、辩论、引用和表达意见，我将在第三章里详述。这里先声明一下。

39

只要周围人的行动与你无关，或和整个社会的道德观念不很冲突，请不要管他们，就是犯罪也请你保持沉默。

某人走路快或慢，睡觉多或少，常在家或很少在家，穿得华丽还是破旧，喝葡萄酒还是啤酒，负债还是有钱，有没有爱人，这与你何干，你又不是他的监护人！

忧郁派和乐天派在大多数情况下会同时点燃战火，搞得自己身心疲惫。

爱发怒且反应迟钝的人很少，因为这两种性格本身就是对立的；存在这种两个极端性格的人不适合做需要正常理智和冷静的生意，他们要尽最大的努力让自己适应，等人们把他们调教到正常状态，但突然他们就像野兽般发怒，摔门离去，很快搞砸了一切。

忧郁且迟钝的人可能是最让人无法忍受的了，和他们一起生活对每个心态健康的人来说都如在地狱般的痛苦。

40

我们经常会碰到无聊的谈话，但理智、谨慎和博爱要求我们，面对这种情况，除非可以避免，否则就应该保持耐心。不要有过分的行为让别人看出我们的烦躁。越是没意思的谈话，越是啰唆的聊天对象，那么我们可以更有自由顺便想想其他的事情。生命的时间就这样在梦幻里溜走了！一些牺牲自己时间同别人闲扯的行为是不是也害了别人？不管我们多么反对无聊的谈话，多么坚持谈话的重要性，但是谁知道我们的滔滔不绝对别人来说是否也是一种无聊呢？

41

社交生活中最重要的品质之一就是缄默，现今拥有它的人已日渐稀少。如今人们在许诺、申明和发誓时都太虚假了，以至于在需要严守秘密的条件下我们都会没良心地散播开来。这些人却管不住一张嘴，他们忘掉别人曾请求他们保密，毫无顾忌地把朋友们最重要的秘密公开出去，或者会告诉任何他们急于想结交的人，为了让那个人视他为忠诚的朋友，他们就会把别人的，而不是自己的私事全都说给那个比他们自己还要轻浮的人听。这样的人在处理自己的秘密、计划和事情时也聪明不到哪儿去，常常会毁了自己暂时的运气而达不到目的。

到底这样轻率地对待别人和自己的秘密会带来哪些后果呢？这个问题不用去讨论就知道，从其他一些算不上秘密的东西就可以证明，选择保持沉默更好，有些事情说出去对任何人都没有教育和娱乐性，还

有可能对某人不利。我推崇一种聪明的缄默，它不是原先那种可笑神秘的缄默，而是在交际中一个重要的品德。此外人们确实可以发现专制国家的人民总体上要比自由国家的人民沉默。前者由于恐惧和不信赖而造成了封闭自己，后者受内心的驱使坦率地说出一切。

如果必须把秘密告诉许多人，那么一定要叮嘱他们守口如瓶，这样他们会以为自己是唯一知道秘密的人，就必须要负责。

42

有类人在交际上毫不费力，好像天生有一种和别人很快熟络并博得好感的能力。相反地，有些人从小就羞涩怕见人，即使他们每天都要碰到陌生人。这种羞涩无疑是所受教育上的欠缺，同时也有担心过于惹眼而陷入尴尬的一种隐蔽的虚荣心在作怪。有些人似乎天生就羞于和陌生人交往，他们为了克服这点而做的努力也是枉然。有一位身居高位的侯爵，是我认识的最高贵和明智的人士之一，他的举止表现无可挑剔，也丝毫不用担心给别人留下不好的印象，但他向我确证，尽管他从小就踏进庞大的社交圈，每天见到许多陌生的脸，但没有一天不害怕走进站满等待他的人的宫廷大厅，尴尬让他的脑袋一片空白。

顺带提一下这位可爱的先生，他只要稍微休息得好一点，羞怯就会消失，他就能很友好、大方地与每个人交谈，讲的东西比平时侯爵们讨论的天气、糟糕的路况、马和狗的事情有意思多了。

有一种天赋可以让交际变得轻松，就是在初次见面时表现很得体，可以和各式的人无拘束地交谈，并很快看出对方是什么样的人，判断出能和他或必须和他交谈哪些话题。这些能力是人人都想拥有的，并想发挥得更好。但是我希望它不是那种莽撞冒失地、喋喋不休地和别人纠缠，如在一个陌生的宴会上用不少于一小时的时间来拷问别人的经历、讲自己的经历，还向别人提供帮助和友情，同时也为自己争取获得帮助的机会。

43

能够准确无误、言简意赅地表达出自己的想法是了不起的技能，

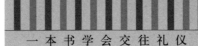

它通过学习和细心是可能获得的。发言时要活跃，按照大家的不同水平去交谈，讲话要精彩幽默，不取笑别人，根据情况遵照事情的原貌来选择用简单、有趣、严肃或搞笑的态度来讲述事情。对此我们要学会控制自己的脸部表情，不做怪相。如果知道有些表情我们做得不好看，比如大笑，那就试着去避免它。表情和肢体语言应该要高雅；不应该在谈话中像最下层的人一样，头、胳膊和其他肢体甩来甩去的；应该正视对方，但目光要谦虚温和；不要扯袖子、纽扣或其他类似的东西，或手上玩着什么东西。简言之，有着良好教育的举止透露出对其自身和他人的关注。还有一点很重要，就是不要过后才察觉，而是要留心观察每一个礼貌的小细节，甚至在家也不例外，这样才会有所改善。下面教授大家一些方法：

不要打断别人说话；别人把的东西递给我们时一定要接下来，即使我们不需要它，不能让别人因为我们的缘故而手里拿着东西；尽量别不理睬别人，不要搞错别人的头衔和名字；让那些喜欢做事的人在你的右面，或者三个人一起的时候让他走在中间；如果某个人从我们门前经过，他向正好在窗前的我们问好，我们应该快速打开窗子，或是至少装作要打开窗子的样子。

在和别人说话时表现得轻松大方，而不是呆呆地讨厌地盯着人家的脸，控制自己的音量，不要大喊大叫，但要让人听清楚；注意自己走路的姿态，不要处处都大声说话；和女人一起走路为了避免撞到，要和她步调一致，如果她在右边走得不舒服的话，确保她随时可以拉到旁边男士的右手；走下比较陡的楼梯时要让女士走在男士的后面，而上楼梯时则相反；如果对方没明白我们的话，解释得再详细也不顶用，或者这件事压根不重要，那么我们就省省自己的话，算了吧；在饭桌上不能像大多数人那样把用过的并且已经舔干净的勺子再放到自己面前；向对面走过来的人打招呼时要把帽檐转向另一边，这是礼貌，为了不碰到别人就要摘下帽子；当递给别人东西，倘若这个东西的形态会变化，那么就不能光用手递过去；在交际中一般不对人耳语；不宜弯腰坐在桌旁，这是不美观的肢体动作；用一个无伤大雅的玩笑搞坏别人的心情是不好的，比如有人向我们展示他的牌技，你老是去揭穿他就不对。有一定层次和受过高等教育的人在少年时代已经对礼貌举止很熟悉了；要知道，这些小动作在有些人眼里

可丝毫不小，而我们的命运就常常掌握在他们的手中。

44

以上是关于举止和礼貌的。现在来说说衣着。不要穿高于或低于你身份和财力的衣服；穿着不要怪异和艳丽；非不得已，不要穿华丽贵重的衣服；但要干净有品位，如果要奢侈一下，那么这些奢侈品要体面漂亮。不要因为穿着过时或愚蠢地模仿流行而引人注意。如果出席大场合就要稍微注意你的着装。一旦知道自己的打扮和场合气氛不合适，人的情绪就会变糟。

45

社交时还有些细节上的不当举止是要避免的，人们必须常常思考一下，如果每个人都想有同样的自由时社会会变成什么样子，比如：在布道时睡觉；听音乐会时聊天；在别人背后对一个朋友耳语或使个眼色，这个举动让在场的人都觉得是在说自己；跳舞或弹奏音乐的水平很差，却想展示给大家，这是自找嘲讽和引别人的哈欠；别人想逃开我们，我们偏偏向他跑过去；如果不会打牌或打得很差却坐在那，并让自己的帮手输钱；跳舞时跟着曲子唱歌；走进剧场时挡住别人的视线；参加会议时迟到、早退或磨磨蹭蹭地耽搁很久……一定要避免发生类似以上这些没有礼貌的行为。不要去看别人的文件。有些人无法忍受别人在他的读书笔记或工作资料里写上什么东西。不要单独待在放有钱和文件的房间里。

46

当有人问起：应不应该时不时在社交圈里出现一下？那答案无疑是取决各人的情况、要求和很多细节的问题上，而且每个人考虑的方面也不同，总的可以用下面这句话作为行为准绳：不要硬去和别人套近乎、纠缠别人。一件事情不能让所有的人对你满意，这是正常的。要有一个良好的意识，这个意识会告诉我们别人是否想见我们，是该离开还是再多坐一会儿。

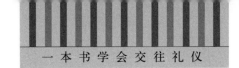

此外我还有一条经验，如果能控制自己和尽可能少的人熟络，朋友圈很小，并且和他们非常谨慎地交往，他们就不会轻易利用或忽视我们；一旦我们和他们很熟悉就不是这样了。要活得舒服就一定要与身边的人保持适当的距离。对于一个不羞怯的人来说，在不认识的人中间是种乐趣，那时能听到平时听不到的话；你不被包围着才可以在静处观察别人。

47

人们在任何地方都要避免承担所有的事情，不要企图把权力都集中在自己手中，要求大家聚焦在自己身上，说话也被大家仔细聆听；要是不这样会觉得被冷落了，怕见人。

我认识许多清高的人，他们一定要展示自己美好的一面，成为中心人物，所有的事情都围绕着自己，就连有些平常没什么来往的人也要拿来和自己比较，只要他们是中心和唯一，大家都有求于他们，他才会办事出色，表现得高贵并乐意行善。但一旦要他们和其他人一样时，对他们来说就是世界末日了。这种性情是不会快乐的。总之我建议，为了自己和他人的幸福，向生活索求得越少越好。

48

与人交往时要在行动上表现出一些不同，标志就是你对他的重视程度。不要递给每个人你的右手，不要把每个人紧紧地抱在怀里。如果你把感情平均分配的话，那你为最好的和最爱的人保留了什么？谁会信任你的友情？

49

要完全做真实的自己，始终如一。不要今天热情明天冷漠；今天粗鲁明天礼貌；今天是最幽默的谈话者，明天就成了无味寡言的呆子。和这类人交往很讨厌。当他们心情不错或身边没人说话时，他们会让人很舒服，既有趣也很会奉承人，展示出最交心、最亲密的关系。因

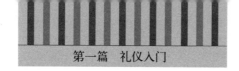

此过了些日子我们去拜访如此喜欢我们的人，因为他曾那么盛情地邀请我们去他家做客。我们去了，但是他不友好又闷闷不乐地接待了我们，或者让我们孤零零地坐在角落里不理我们，只用断断续续的几个字回答我们的问题。因为此刻他身边围满了奴才，那些奴才可比我们更卖力地供奉他。对这种人最好是悄悄地远离。当他们过后因为无聊再来找我们的时候，我们要还给他们相同的待遇，并叫他们滚远点。

50

如果你想得到表扬，得到更多人的喜欢，那就少让自己放光彩，而多给别人展示自己的机会。有些社交圈子称我为一个理智和幽默的人，其实在这些圈子里我从未说过什么高明的话，也没做过什么事，除了很有耐心听别人说不怎么有水平的废话，或者常常给别人机会，让他谈自己喜欢的东西。

就像有些人来拜访我并恭顺地表示（这时我经常忍不住笑），他来就是为了表达对我这样一位举足轻重的学者和作家的敬重。这个人坐下后就开始讲话，受他钦佩的我根本没有张嘴的机会，说完他就走了，并且觉得这次受益匪浅的聊天让他很愉快，还表示非常高兴我足够理解他，听他倾诉，实际上我说了不到 20 个单词。

就像我这样对待所有脆弱的人，请保持耐心！如果有人来对你讲一个小故事，或是他很乐意讲述的话题，尽管那个故事你听过多次，或者你都可以给他讲一个类似的童话故事，不要让他尴尬地察觉到你觉得故事很老套和无聊。如果这个人值得去安慰，还有什么比让别人吐露心声更好的，同时也为自己创造了好名声？一些人有些无伤大雅的爱好，比如谈论马，喜欢看别人和他一起抽烟、喝酒，如果没有特别的不舒服就对他表示你的一点兴趣吧。我从不觉得宫廷侍臣的习惯是好的。他们总是心不在焉地听别人说话，谈话是由他们引起的，但不到一半的时候他们就离开了。

51

此外我也要劝大家，不要因为一件事就认为某个圈子的人很恶劣，

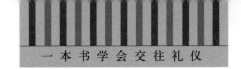
某人的谈话都是些鸡毛蒜皮的事情，从中学不到任何东西和经验。但反之，也不能总让别人挑战广博、深邃的文化，而是要讨论家庭、了解别人的思想，和来自各地的人接触。这样不但是在学习和适应时代，也了解到了别人对世事的看法。

52

应该和什么样的人多交往？当然是具体问题具体分析了。如果可以选择（事实上我们面临的选择常常比我们认为的要多），那就是和智者交往，从这些不会奉承又不会忽略我们的人身上能学到很多东西；我们习惯有一群无关紧要的人围在周围，这样感觉会更舒服些，可是这样我们就一直原地踏步，不会变得聪慧和高尚。有时我们四周充满着各种各样的人才，这也是大有益处的，可我们也有义务去和愿意向我们学习的人交往，他们有权利这样要求。这种帮助不包括牺牲自己最宝贵的时间来造就他们，或出于职责把怎样完善和提高自身的信息完全告诉给他们，应有所保留，以防有危险。

53

社交圈中最特别的就是气氛。偏见、自负、例行公事、权威、追随别人的欲望，谁知道还有什么，有时年复一年生活在一个地方的人形成一种共同的消遣、做事情和谈话的方式，这给集体的每一个成员带来了无尽的无聊。尽管如此，他们还是以为必须继续这种生活方式。可能在大多数圈子里，聊天才会给人们带来乐趣吧！每天晚上打牌的50个人中可能只有10个人是出于真正的喜欢吧？更可悲的是，当自在的人来到小地方或农村里，本可以过无拘无束的生活，却为了模仿宫廷里的腔调和方式而不得不跳进无聊的桎梏。我们在同乡和邻里心中占了一席之地吗？真有必要奉献所有去适应那种氛围吗？当一个人进入到这样一个圈子，他不会有不友好的举动或一言不发让在场的人及主人尴尬，他们在相互隐藏想离开的愿望，但都表现得像艺术大师一样滔滔不绝地讲话，至少为填充空虚做点贡献，尽管通常填补的是诽谤和污蔑。

　　在人口众多的大城市里，人们可以在无人察觉的情况下完全按照个人的喜好生活；没有许多小顾虑：不会被守候跟踪，被人控制和观察；有趣的新闻不会口口相传，比如我一周吃几次煎炸食物，是否经常外出以及去哪里；谁来拜访我，我给厨师的工资有多少，最近有没有训斥她，我的衣着是怎样的；当我的佣人买了4芬尼（德国货币）辣椒，别人也不会向她问东问西的，例如辣椒酱是给谁的，是用来做什么的？人们可以在无人察觉的情况下悠闲地穿过人群，只操心他的事情，选择他认为必要的生活方式。而在小城市就会被一群无所事事的贵族品头论足，常常从午饭后开始一直到钟声响起，也就是持续到晚上10点，谈论的话题无非是普鲁士的皇帝、国王和其他的当权者，宫廷里的线人给他们送了什么信之类的，真是太可怜了！

　　当然也有办法可以慢慢改变这种交往方式，或者让这些可怜的人在受4年的折磨后按照自己习惯的方式生活。另外我们要正直、友好、合群并随时准备帮助别人。最惨的莫过于生活在中等城市的人，他们必须要习惯和容忍少数来自富有地区和宫廷的个别人。中等城市除了常见的挥霍和与大城市的贪污受贿可媲美的道德败坏之事，还有小城市所有的缺点：爱饶舌、例行公事、重视习惯和家庭关系、充斥着乏味无聊的要求和可笑的三六九等分类。我曾到过一个城市：一个男人不久前得到了一项在那个城市以前从未有过的服务，所以被某一阶层隔离了出来，导致他以后独自散步时像动物园里的大象一样被人观看，找一个朋友或女朋友的可能也没有了。也许是我偏袒我可爱的家乡，但是我认为（请其他明智的人也让我给我的家乡一个公道），虽然汉诺威算不上德国的大城市，但人们可以在这里自由安宁地生活。也许与英国的关系也有帮助，大家不在意某些偏见。因为在德国很少有城市具备这种好的氛围，所以人们有必要学习向这种主导性的习惯靠拢，没有什么比一个没有声望的人想改变他的家乡更不理智的事情了，对这个狂热者本身来说也是不利的。这样一个夸夸其谈的人觉得再也没有地方比直辖市更糟糕的了，在那里传统习惯和统治方式及其他所有的关系紧密地联结在一起。事实上在农村和自己庄园里生活的人是最无拘无束的，对有兴趣过忙碌生活的人来说，在农村可以找到各种机会，人们能够从有益的事情里把自己从消沉和受冷落的状态调整成为行善

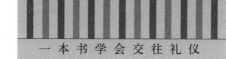

者；但是合群的朋友在农村不是很好找。眼前人们需要依靠一个值得信任的朋友时，他可能远在千里；因此人要足够富有，才能将所有的远方的朋友集合在身边，但可惜的是很富有的人反而很少有这种需要。为了能幸福快乐地生活，不需要非常富裕，应该掌握技巧，在和身边的人交往时发现他们的优点，对普通朋友宽容不吝啬，给予他们各种各样展示才能的机会。因为在农村习惯从早到晚看到自己的妻子、儿女和朋友，所以容易产生厌烦和空虚，这可以通过好的书籍、聊天时新的谈资、与远方品质高尚的人通信及合理的时间分配来填补。一天中也有些时间是独自在房间里度过的。当过了充实的一天，看到每个人都在忙自己的事情，晚上和几个人一起散步，开些有趣的玩笑，说些轻松的话，真是没有什么比农村的生活更甜蜜的了！甚至有公爵了解到其中的乐趣，前不久我一个人就在某个山脚下的农舍里这样幸福地过了几周，它的主人是一个人还不错的侯爵。

最可怕但又更常见的就是在一些小城市或农村，每天必须相互来往的人生活在不停的口水战中，这还不够，他们每个人还要创造一个特别的存在方式。他们在地球上造了个地狱。交际里最重要的是关心别人、宽容、灵活、谨慎、聪明，再加上一点风情，这样才能防止误解和厌恶的产生。

54

在陌生的城市和国家与人交往时要在某些方面小心谨慎。我们想找寻知识和启发，想发现当地经济和政治上的优点或单纯找乐子，那么就很有必要有一些考虑。第一条就是首先要明确我们在哪个国家，在那里聊天或提问是否有禁忌，是否会带来危险和别人的恼怒，可惜在德国有些地方政府不愿让这类书籍公开流通，一旦公开了，政府会严厉制裁。当你想谈话和调查研究，或选择和谁交往时，有必要考虑周全。另外我想起来，旅行者里很少有人关心外国人的内心想法；就因为愚蠢的好奇心和冒失，不安分的躁动的欲望驱使一群群的人跑到外面，到陌生的旅店、邮局和学者那里去搜集不确定是否真实的逸事，然后回去以后还要不停地去研究它，找出值得学习的东西。一旦我们在陌生的地方要为自己寻找什么，或有所要求时必须要加倍小心，这是不言而喻的。因为会有人盯上我们，我们必须避免和那些对政府不满、死缠住陌生人不放的家伙

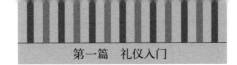

接触。因为他们由于做了不聪明的事情已经在大家心中留下骂名，同时也阻碍他们得到公民的利益，但是他们好像也不在乎，就像狐狸对吃不到的葡萄一样。这些人千方百计和在旅店或通过其他方式认识的旅行者接触，一起走过大街小巷，来和陌生国家的人扯上关系，以提升自己的地位。一个在某地停留几天的人完全可以和这些人多说话，他们有一肚子的有趣故事或抱怨，口才像雄辩家西塞罗一样好。只要这个外地人乐意，明智的人不会去指责他；但是如果想长时间待下去，想进入更好的交际圈甚至想做生意的人，我建议他选择伙伴时要尊重大家的意见。

几乎每个城市里都有由这些不满的人组成的党派，据说是和政府或社团一起的。不要与他们结伴。不要在他们中间选择伙伴。他们不认为自己得到了足够的尊敬，是一群不安分、喜欢造谣、满脑子充满狂妄想法、诡计多端的坏人。他们认为，自己是因为其中的某个原因离开家乡，所以如果可能的话他们试图创造某种联系，通过谄媚恭维把明智诚实的人拉入伙。要是想过安逸的生活千万别加入叫作党或派系的组织，不要让任何人参与到你的私人恩怨中，也不要要求你的朋友参与到你和别人的争执中。

55

不要把任何人牵扯到你的私事里，并且不要要求那些和你交往的人参与到你和别人之间没有达成统一的事情中。

56

如果希望在日常生活中时时得到好处和支持，如果想要一个工作平台可以为祖国做出贡献，那么你必须经常去恳求别人帮助。不要认为别人很需要你，你不开口就会提供帮助，即使你的事迹传播很广，每个人也知道你需要也理应得到支持。但每个人都在操心自己的事情，不会去关心一个从容地隐藏在角落、把他的才能藏起来的谦虚的人。所以虽然有些人做出了巨大贡献，但到死都是默默无闻，不为人知，因为他不肯请求别人，不愿屈尊。

57

如果我曾说过人们更愿意接受，而不是付出，这句话并不是说人们不愿为别人做事。你完全可以做好服务别人的准备，但请别着急。不要当每个人的朋友和被信赖的人。首先，帮人做事情不会把人变好或变坏，我建议如果非身居要职还是不要插手。很少有人会感激你，即使当他们向你征求意见时，因为通常他们在征求时心里已经有答案了。人们不会拿不重要的问题来烦他的熟人，比如给我们买什么东西之类的。人们也会用相似的方式来释放自己，常常我们会损失时间和金钱，但很少得到感谢和他人的满意。你也别掺和到别人的家务事里。我曾经有几次满怀好意地参与进去，结果却很糟糕。你办妥事情，平息和调停双方，但大多数情况是双方一致对外。这种撮合和调停的事情还是留给老天和那些上了年纪的女人做吧。

58

不要根据说话来判断一个人，而要通过行动。要选择在他认为你没有留意的时刻观察他，要注意小的细节，不用去管人人都可以做的冠冕堂皇的事情。你要留心一个健康的人早上从睡梦中醒来时的心情，裹在睡衣下的他的身心是怎样的。要关心他爱吃什么和喝什么，是不是很实在的、简单的或是用精致的调料制作的菜肴。看他的步态和举止：他是否愿意独自行走，还是挽着别人的胳膊；他是走直线，还是爱抢别人的路，经常撞到人还踩别人的脚。他是不是绝对不会单独行事，总是跟在别人后面，多么小的事情也要问他的邻人或同事怎么办。有东西掉在地上他是立刻拾起还是不去管它，直到有心情时才会弯腰去捡。他愿意让别人讲话，还是总抢别人的话头；他是不是总神神秘秘地把别人叫到一边说些坏话。他是否喜欢决定一切，还有其他的一切细节。总结所有这些观察结果，不要以偏概全，从几个小事就判断别人的全部。

不要偏袒对你特别友好的人。不要坚定地相信那些忠诚的，总是保持不变的爱情和友情，除非你亲眼看到会舍己为人的人。大多看上去真心对待我们的人会为我们的利益而放弃自己最喜欢的东西。因此

要考虑对我们来说一个人重要的是什么。

59

如果你想和你的朋友谈论一个在场的人（虽然这样的窃窃私语是不礼貌的），那至少要做到不去看你说的那个人。要是你刚好听到附近有人在说你的名字，不要转头去看，那样他们会注意到你的，毕竟我们是用耳朵在听，而不是眼睛。

60

所有这些通用的和下面说到的特殊规则，还有很多考虑到读者自身的阅读能力而未写入书中的文字，都是为了让交际更容易，更通畅些。

有人不愿读这类书籍应该是有特别原因的，当然我们允许别人守住自己的一份清净。要是既不追求大人物的青睐，也不期望大家的表扬、显赫的名望，没有政治或经济上的原因等考虑来扩大自己的圈子；年龄和体质已基本不允许交际了，那我们不会强迫他这么做。因为人各有志，违背别人的意愿而强迫他太残酷了。

经常会看到一幅可笑的画面：一群傻瓜逗留在一个很明智的人身边，他刚好失去工作，不想和这些傻瓜为伍，还对自己的鹤立鸡群很满意。不想把他的宝贵时间交给任何一个傻瓜似的人。

如果我们不想做社会的最下层人，就会觉得这群闲人很让人反感，除了从镜子前面的床，到餐桌，又到赌桌，再到餐桌最后又是上床睡觉，他们就没有更好的事情可以做了。我们不想像他们一样为社交去放弃更高的追求——这是一个必须要改掉的坏习惯。当人们要在家做应该做的事情时并不代表要远离人群，特立独行。

61

只要你认为你的原则是对的就永远别放弃！一旦有例外就很危险，例外一直持续下去危险会越来越大。曾有过出于必要的原因而不借书、

不喝酒或类似的事，那么你必须坚持，即使你爸爸劝你放弃也不要动摇。坚定点，否则就别轻易立下原则。

最重要的事情就是坚持不懈。为你的人生列一份计划，然后严格地按照它去实行，即使这个计划有各种各样的议论。有一段时间人们会议论你的行为，但最终会沉默，他们终会安静下来对你表示尊敬和重视。

62

最神圣的一条原则就是要有良知！不要怀有心机和企图。不走歪路才会有好的结果，在困难时会得到上帝和别人的帮助。有时命运会变得坎坷，那么不寻常的力量和乐观态度会带给你纯洁的追求幸福的信念；你充满痛苦的样子会引起越来越多人的关注，比那些带着微笑、奸笑、戴着故作幸福的假面具的人要好多了。

第二章

如何对待自己

1

对自己负责是最重要的事，要摆在第一位。和自己人交往一定是最没有目的性和最放松的。成天和别人混在一起，忽略自己圈子的朋友，不提高自身修养却成天关心别人的事情，这都是不能原谅的。谁要是成天在外面混，而家对他来说就是陌生的；谁要是总在消遣，他的心就会荒废，那么必须马上离开那些闲人，驱除自己心里的无聊，找回对自己的信任。谁要是只想和奉承自己的人在一起，那会失去讲出事实的声音，最后连他自己的话也不要听了。当他的良知都忍受不了时，他更乐意跑到人群喧哗的地方，那里会有让人舒服的声音。

2

要重视对你最忠诚的朋友，不要让他在你最需要的时候转身离去。在你孤立无援的时刻当然会有人离开你；而有时你会发现依靠自己才是唯一的安慰。但是要是连自己的心也无法平静，无法找到解决的办法时你会变成什么样子呢？

3

如果想从自身找到安慰、幸福和平静，那你必须像对待他人一样谨慎、正直、细心和公正地对待自己。就是说不要怨恨自己，垂头丧气，也不要贬低或高抬自己。

4

要留心自己的心理健康，但不要娇惯自己。谁要是和自己的身体作对，就提高了他生活和命运的成本，把上天所赐的宝贵的身体变成了傲慢的乞讨之物。

谁要是对一点剧烈运动就感到害怕，像牡蛎一样紧张地缩在壳里，当需要做体力活时，他生锈的四肢就用不上劲。但要是一直情绪高昂，热情澎湃，不懂得节约自己的精力，当最能有所建树的年月来临时，这个人就只能有气无力地看着，或不得不拖着疲惫的身体回家去。

谁要是总懒得动脑子，不记东西，或者是躲避任何脑力劳动，他不但得不到什么乐趣，而且当事情取决于力量、勇气和决断时，他也就注定了失败。

请小心身心上的严重创伤，不要轻易向任何逆境和身体上的不适屈服。鼓起勇气！要有信心！一切都会过去；坚持不懈就能克服一切困难！注意力集中到其他事情上就可以忘记不快。

5

如果要别人尊重你，首先要尊重自己。不要在暗处做那些万一被人看到会害臊的事情。少做为了讨好别人而失去自己尊严的事情，保持优秀和正直！就算是一个人也不能将就你的外表和衣着。没人注意时你也要保持干净、整洁、守法、昂首挺胸，举止优雅。别小看自身的价值！永远别失去对自己的信心、尊严和感情，哪怕你不像有些人那么聪明和灵活。

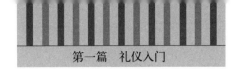

6

如果你不像别人有那么高的道德水平和智商，请不要绝望和沮丧，要公正地看到自身的长处，也许那才是你胜人一筹的地方。我们大家都必须是高人吗？想成为光彩夺目的主角的渴望会让你沮丧的。你知道实现它要付出多大的代价吗？我也许明白，想成为一个名人的欲望很难通过内心和价值观的考验。即使一个中等水平的人，也能看出我们是如此的贫乏和无能，就像最一贫如洗的讨厌的家伙，总是在梦想美好和豪华，拥有一切。是！这无疑是很难实现的！你想尝试一切，国家不允许；你想在家做主，但缺钱，妻子不同意；你的心情被家庭琐事困扰，每天也就是这样度过的；你深刻地感觉到体内的一切在倒塌毁灭，但又不能因此决定步别人的后尘当一个卑鄙的家伙，你的一切我都了解，只要别为此失去勇气！失去对自己和命运的希望！上帝在最困难的时刻也会保护你！冥冥中自有安排，它凌驾于一切之上，不依赖任何人，不依赖命运和外表，它们受内心意识的支撑，越感受不到它们，意识反而会越来越强。

7

让自己成为一个舒适的伙伴，别让自己无聊，就是说：永远别闲着无事可做！少死记硬背，去从书本或别人那里搜集新的观点。如果总是在一个圈子里说你最喜欢的话题，那你都不知道自己会成为多么单调无聊的人，就好像丢弃掉所有天生拥有的东西一样。

如果总在算计自己吃了多少亏，那无疑是最无聊的事情了。毫无目标地度过有害健康的一天，那是多么郁闷，多么给自己添堵啊！相反的，积极地和自己的思想对话，这样的一个晚上过得多么充实啊！

8

光成为一个令人愉快的伙伴还不够，你要远离阿谀奉承。对待陌生人要像对待自己人一样的乐于伸出援手，还应该像要求别人一样严格地要求自己。人们常常会原谅自己而不会原谅别人。即使承认错误，

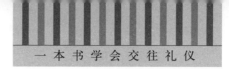
也会把原因归咎给命运或不可抗的欲望，而对别人却远没有这么宽容。这是不对的。

9

不要对自己的功劳沾沾自喜，认为自己比同龄同样情况的人要强，或者更过分地比较。而是要根据你的能力、天赋、教育和你得到的机会来判断你是否比别人更有才智和能力。在独自一人时可以思考一下自己的状况，做一个公正的法官，看看你是否抓住了一切提高完善自己的机会和可能。

扫码获取
更多资源

第三章

如何与不同性格和气质的人交往

1

习惯上把人分成4类：易怒型、迟钝冷漠型、乐天型和忧郁型。虽然很难说我们身边的人只有某一类型的特点，因为他身上肯定有另外一种人的小部分特征作为调剂：这样的混合，人与人之间才会有细小的差别，世界才这么多姿多彩，但大部分人还是可以归到这4类人中的某一类。我应该先发表一下自己对这4类性格的看法。

易怒型的人是不可靠的懦夫，没力气也没有定性。

忧郁型的人只顾自己，迟钝型的人是别人无法忍受的负担。

有易怒和乐天性格的人是最受关注和最让人敬畏的。他们开创新的时代、影响最为巨大，他们在统治、毁灭和创造历史；他们是真正的统治者、独裁者，再加上一些忧郁的性格，暴政就形成了。

迟钝又开朗的人可能是活得最幸福、平静而不受打扰的人。按照兴趣享受生活，不滥用权力，不伤害别人，但也不会成大事；这种性格发展到极致就成了没有品位、愚蠢的欢乐。易怒且忧郁的人会遭受

到很多不幸，无辜地流血、报复、破坏和自杀在他们中间常常发生。

2

有控制欲的人很难应付，他们不适合结伴成群的交往。他们试图在任何地方当主角；所有的决定都要经过他们同意。如果他们达不到目的，或不是他们领导的事情，他们不但会鄙视，而且如果有能力还会搞砸这件事情。相反，如果他们在第一把手的位子上，或至少情况让他们相信自己是第一把手，那么他们会不知疲倦地工作，并排除一切通向目的的障碍。两个有控制欲的人不适合一起共事，他们会出于个人欲望毁坏身边的一切事情。

3

对付有野心的人必须和对付有控制欲的人用差不多的方法。有控制欲的人同时也有野心，而反过来可不一定，有野心的人有时也满足于做一个配角，只要有他所希望的气势就可以。有些事情他也会自降地位；如果有人伤到了他的弱点，他一定丝毫不会原谅！

4

虚荣的人希望有人拍马屁，表扬对他们如同搔痒般舒服，如果已对他表示了关注、好感和钦佩，那么就不用再隆重地表示尊敬了。因为人或多或少都喜欢被恭维，留给别人好的印象，所以不管在哪儿都可以没有丝毫负担地表现良好的举止，其中包括恭维这个人拥有的小小的弱点，时不时说一句他爱听的话，让他欣然接受这个表扬，并为之一振。有机会也可以自我表扬一下。最低级的溜须拍马者采用的是最可耻的方法，就是不停地对虚荣的人说好听话，烧高香。以至于这些爱虚荣的人最后除了赞扬什么也听不进去了。因为他们的耳朵拒绝真话，他们会远离并冷落善良正直的人，善良的人不会如此低贱，他们认为这种当面恭维是放肆和粗野的做法。知识分子和妇女们大多习惯于被恭维，我很清楚他

们的方式，一个朴实的老实人是根本无法和他们交往的。就像小孩会偷看别人的包里有没有给他带来的糖果，如果有，那他们听从你说的每个字，一旦希望落空，发现没有什么可满足他们的东西，就会生气了。虚荣的极致发展成利己主义，它会让所有的交际变得困难，同样也成为爱虚荣的人的负担。虽然大家没有义务去恭维虚荣的人，但同样也没义务去纠正和教育他们，特别是那些和自己没有任何关系的人。如果必须天天和虚荣的人在一起，要我们伸出双手来帮助他们改变，这是不合理的。

虚荣的人喜欢恭维别人，为的是接着让对方赞扬自己。因为他们相互都认为那是唯一一件值得做的最重要的事情。

5

要把傲慢、权势欲、好胜心、虚荣和自豪感区分开来。我愿意把自豪看成内心高贵的一面，发自内心真正的威严和崇敬，是能力，而不是一种低调的表现。这样的自豪会促使人们做高尚的行为；当被别人遗弃时，自豪感是保持正气的支柱；有了它可以战胜命运和小人，甚至会征服并赢得那些有权有势的恶人的钦佩，他们不得不折服于这些被欺压的贤人。

相反，傲慢则是以他本不拥有的优点洋洋得意，沉浸在毫无价值的幻想里，是把他祖先的功绩——其实也不是他祖先的，他们从未立下什么功劳——归到自己的名下。傲慢会让一个富有的公民变得粗俗、呆板和孤僻。我们发现粗俗的傲慢大多是因为生活方式贫乏、行为举止死板，这比贵族的傲慢更让人气愤。傲慢会让一位艺术家对自己的天赋无比自信，尽管这天赋得不到任何人的承认，然而他认为自己的才华高于所有人。要是没人对他表示赞赏仰慕，他宁愿痛斥全世界的人没有品位，也不会按常规的想法去思考一下，也许是他的作品有问题。

如果一个贫穷又被轻视的人性格傲慢，那他就是被同情的对象，会遇到很多不幸。他和愚蠢成双成对，不可救药，只能以毒攻毒，或者即使有求于他们，大家还像没看见他们一样，不去注意他们。这是真的！我在这方面有不少经验：你越让步，他们越放肆，越是傲慢，所以你该怎样就怎样，愚钝的他们就不晓得怎么办了，通常会绷紧了弦。

6

和非常敏感、一不小心就变脸的人交往很不舒服。敏感的原因有很多。因此有人确证过，敏感可以是因为一个小小的无关紧要的词语，或一个有双重含义的表情。我觉得一个敏感的人大多是出于虚荣或好胜心，或是他常被坏人嘲笑、戏弄，或因为他的心理过于脆弱，他对别人的要求和对自己的一样高，所以当然很难与人相处，但大家必须适应敏感的人的行为，不要表示出任何的反感。如果他还正直有理智，那他的坏情绪不会持续很久。他会找一个好的、正确的解释让自己平静；如果身边的人可以一直坦率高尚地对待他，他会渐渐地学会信任最好的朋友，可能最后会克服这个缺点。事实上最难满足的，最麻烦的就是时时刻刻认为自己被冷落、歧视，没得到足够尊重的人。大家要避免和这些人交往，免得烦心和白劳神。

7

执拗的人比敏感的人还难应付。不过他们理智的时候还能说上话。要是给执拗的人的第一印象是顺从，那么他们就会理智地做事情，考虑到别人遭遇的不公正，至少在短期内会灵活老练地处理问题。最倒霉的就是不得不和那些又蠢又固执的人打交道，原因和顾虑对他们不顶用。常常是放手让一个很固执的家伙干事情，他死认着自己的想法和计划，最后由于考虑不周全而陷入困境时，他又来寻求我们的帮助，真是无能为力啊。最好先把他晾在一旁，他会变得少有的郁闷和听话，也会执行命令。如果被一个能力差又固执的人抓住了哪怕是一次的失误，那最好还是放弃与之共事。他以后会轻视你的，不会相信你的判断。

再没什么进一步的建议可以改善这两种人的个性，告诉他们反而会适得其反。如果我们隶属于这样的人，他们分配的任务我们明知道以后会行不通，但是除了无条件服从也没有更好的办法，我们可以尽量往后拖，好给他们时间想出更好的办法，或者自己思考一个完善的计划，悄悄地告诉他并得到允许，只要我们做出服从的姿态，而不是去炫耀自己的聪明就可以了。很少出现但非常危险的情况就是以固执对固执，谁也听不

进对方的话。这时以上的方法就不管用了。他如果总斥责你，就说明他怀疑自己受了不公正的对待。聪明的话你还是走人吧！

8

好争吵的性格很特别，形成的原因大多是固执，也可能是怪癖或性格不合群。有种人好像什么都要比别人知道得多，想驳倒所有人。他们经常也会推翻自己的想法，就是为了获得和别人辩论的乐趣。有些人喜欢说根本没人会相信的荒唐事，他就想有人和他争论；最终那些被称为好找茬儿的人为了赢过胆怯的人会故意寻找事端来吵架，而那些更加懦弱胆小的人，当他们准备发威却把劲用在了愚蠢的对骂之中。

和这类人交往时我建议要冷处理，别招惹他们。一旦第一种人恶意地开始反驳，对付他们的方法最好是立即终止谈话。这是唯一阻挡他们针对我们和免说废话的办法。对第二种说荒谬事情的人有时可以友好点，稍微反驳一下或最好是讽刺他。对这种人态度要严肃认真。如果必须要和这种人打交道，无法保持距离和躲避他们的粗鲁，那我建议强有力地反击他们一次，一劳永逸，下次他们就没兴趣来找茬了。不要用一语双关或严厉的语气对他们表达意见，也不要相信他们吹的牛皮！请相信我会像任何一个理智的人一样去思考两个人之间的争吵，实际上这种争吵是不道德、不理智的。比如一位军官，无论如何不能用武器或蔑视地对待一个所谓的好争吵的人，之后还要求别人赔罪。

有些人喜好斗嘴，他们总不满足自己已有的，对别人总不满意，咕哝发牢骚嫌不够好。正如大家知道的，对待这样的人要么向他们建议与自己真实希望相反的方法，要么让他们行动上和我们的想法对着干。

9

性格暴躁的人不是故意要得罪别人，他们不会控制自己的急躁脾气。所以在紧要关头他们甚至会对自己最好的朋友发凶，而过后后悔不已。只要宽容，这些人的某些性格还是很值得尊重的，否则人们会远离这些人。明智的宽容和温良是把暴躁转为理智的唯一方法。急躁性格的人要是碰上反应迟钝、冷淡的人比碰到反驳他的人还要让其生气；他会认为自己被轻视而气得耗尽了力气。

10

暴躁的人若因为着急，或心里觉得受到侮辱而发脾气，事后就会很快道歉或原谅别人，而记仇的人则会埋在心里，直到找到机会把气全撒出来。他忘不了，也无法宽恕别人，就算别人想和解也不行，即使别人是用正当手段夺回自己的利益也不行，他记得施加在他身上的真实的或是他自认为的仇恨，不管事大事小都是很严重的伤害。因为一个小玩笑他会迫害你；你未经思索或情急下说的话会真的招来他的报复；私下的一点恩怨会公开挑衅；好胜心受到伤害的他会打击诚挚的友好。他的报复不仅针对个人，还针对家庭、社会和对方的朋友。必须和这样的人共事真悲惨。除了尽量避免惹到他们，我给不出更好的建议，同时要时刻恭敬尊重地对待他们，可能这是唯一能遏制这种人的办法了。

11

笨人和迟钝的人必须要一直督促着，几乎每个人都有管束别人的欲望，这样可以偶尔在懒惰的人身上找到机会，督促他们干活。

他们中有些人就是因为不果断下决定而把事情成年累月地放在一

旁。回信、开发票、付账，这些政府部门的主要事务需要一系列的手续。如果一开始他们就把我们的着急当回事的话，那一切会顺利很多。

12

　　和多疑、爱生气及自闭的人交往可能对一个高尚、正直的人来说是最不能感受到生活的乐趣了。为了不让他们产生一点怀疑，说出的每个字都要斟酌，每一步都要深思熟虑。我们心中的快乐丝毫不能感染他们，他们不但不与我们分享快乐，反而在兴头上泼一盆冷水，把我们从美梦中叫醒。他们不回应我们的真心，相反却认为最温和的朋友是坏蛋，最忠诚的仆人是说谎和泄密的人。

　　如果真心总是白白付出，要是没人强迫，那就没人愿意再做什么了。一旦觉察到了疑心就向他们提出解决，要是不管用，不如不去理睬他们的多疑，而是继续发挥我们的聪明才智，勇敢地前进吧。他们让自己和别人生活在痛苦之中。他们本质并不坏，就是性格不好，当运气不佳时，他们心情就很不好。这些大多源自心理上的疾病。这病在年轻时不是完全不可以治愈。要是身边总有一个高尚正直的人，不理他的怪样，久而久之他会认识到世界上还是有正直和友情的。相反，年龄大的人疾病已经根深蒂固，别人只有耐心忍受了。

　　多疑的人受到指责最多的就是他们从开始的不信任到仇恨人类。在戏剧《仇恨人类和悔恨》里作者借剧中少校之口说出："我必须写下和这类人交际的规则。"这是真的，我也没有什么话好说。普遍适用的规则是没有的。因此很有必要根据各人的具体情况来找原因。

13

　　爱妒忌、幸灾乐祸又不怀好意的人恐怕是世上最阴险和下流的人了，然而经常遇到这种性格的人身上还有些好的品质——人的天性是多么没有说服力啊！好胜心和虚荣心会让我们不想让他人交好运，但我们仅仅是想想而已。对于他人的不良企图，唯一的办法就是能躲就躲开，放弃一些所谓的优秀品质、成功和幸福。如果生活在一群好妒忌的人

中间，最重要的就是别给他们妒忌的机会，把优点、学识和天赋尽量掩饰起来。不要展示才能，表面上看来要无所求，也不会做什么事。

妒忌产生诽谤，哪怕是最高尚的人也很难避免。诽谤的内容一定是和你平时的行为不一致的。这时常常要用正直和聪明的行动来澄清。反之，相信这些诽谤不是一个正直诚实的人的做法。造谣者不会停止嘲讽别人，但他将看到，随着时间的推移，真相迟早会明了。

14

吝啬是最不光彩、最恶劣的癖好之一，人们无法想象有哪种下流手段是吝啬鬼做不出来的。一旦他们对财富产生欲望，友情、同情和好心统统打动不了他们。在他眼中别人是小偷，是消耗自己财富的寄生虫。如今奢侈程度如此夸张，哪怕一个要养家的寻常男人的需求都会很大；必要生活资料的价格每天都在涨；钱的力量越来越大；穷人和富人有天壤之别；城市里人与人之间的尔虞我诈、怀疑和猜忌的现象十分严重，因此想得到别人的帮助已成了奢望。我觉得在这样的时代，如果不了解一个节俭谨慎的人的状况就断定他是吝啬鬼是不公平的。

此外，在吝啬的人中还有一部分除了对钱的贪婪，还有对权力的欲望。他们攒钱、省钱，让别人过得不舒服，除非可以满足对权力的欲望，否则就让一切失效；喜悦、美食、好胜心、虚荣、好奇心、玩乐或其他什么都不会出现在他身上了。我见过为了钱而出卖兄弟和朋友，宁愿被公众唾骂的人。他们为了满足对钱的占有欲而付出多百倍的耐心守着积攒下的钱。

有些不会算账的人得了芝麻扔了西瓜，他们爱钱却不知怎样理财。为了得到财富，他们常被骗子、冒险家和拍马屁的人欺骗，他们不让佣人吃饱饭，为了重新得到他们挥霍出去的几千塔勒（旧时德国货币），就通过不正当的途径四处换成别的币种，从中赚取差价。

最后一种就是对钱很大方，但在他们认为有必要的地方吝啬得可笑。我的朋友常开我的玩笑说，我在纸张上面如此节俭，我承认这点。我不富有，尽管用好纸印的书也不贵，但我会选择更便宜的纸张。

和吝啬的人交往的规则是，想从他们那里得到好处就必须付出相

等的代价。

对于挥霍的人我无话可说，一个明智的人别跟着他们学成了傻瓜，一个正派的人也不会从他们对钱的过度大方中为自己或别人找到什么好处。

15

现在谈谈不能忘恩负义的问题。有时我想，哪怕是做出了最高尚、最明智事情的人也不能强求成功的青睐或是别人的感恩。我认为感恩这个原则在任何时候也不能忘记，只要一个人付出过，不仇视他周围的人，也不去抱怨命运，他自然就会怀有一颗感恩之心。如果不想被伤害就应该放弃所有的抱怨情绪。我们无私地奉献自己去帮助身陷困境的人，而当他们不需要我们的时候，就会为了暂时的利益，或强大的敌人给他们的好处而出卖、背叛、虐待我们。然而聪明的识人者和热心肠的朋友不会因此而吓倒。一个高尚的人做好事是源于内心的喜悦，他从不指望别人的感谢，他为那些忘恩负义的人感到惋惜，但这并不妨碍他继续帮助别人。

在那些懂得感谢你的人面前别责备对你忘恩负义的人！继续无私慷慨地对他。当他需要你时重新接受他。也许最终他会悟到你行为的真谛而有所好转。如果不是这样，那就这样想：恶人有恶报，他对你的无耻行为总有一天会得到报应。关于忘恩负义我可以写很长的篇幅。

16

让有些人堂堂正正地做一件事情是不可能的，诡计、玩笑、耍手段是他们做事情的方法，可本质上他们并不坏。性格上的可悲、生活方式、命运的不同造就了这种特点。比如一个多疑的人哪怕做一件最正当的事也是诡秘的，会把他真正的目的伪装起来。假如一个做事不择手段、狡诈、有魄力的人缺少发挥能力的机会，那他将通过各种各样不正当的途径扩大他的影响或吸引更多人的注意，这样他选择机会就很容易了。

　　一个很爱虚荣的人为了掩盖他的弱点有时也很低调地处事。一个长期在宫廷生活的人习惯了虚伪、阴谋诡计和相互利用，已经无法正派地做事了。他觉得一个没有钩心斗角的人生很单调；哪怕是做一件最微不足道的正常的事情，他的方式也会让人捉摸不定。

　　一位法官，经常习难使诈，竟在运用各种诡计里找到了一种内心的快乐和满足。谁要是看烦了小说，厌倦了幻想，或是奢侈、空闲的生活过腻了，生活圈子不好而失去了天真，没有了追求淳朴生活和真理的愿望，那么要是没有诡计他是无法生存的。所以有一部分人更希望要手段骗人，而不是正经做事情。

　　如果一直表现出对一个高尚又坦率的人极不信任，并严厉地对待他，让他和我们保持一种不信任的距离，那最终还是可以教唆他用诡计和阴谋做事的。

　　对付这种习惯使手段的人的方法有以下几种，大家可选择你认为最好的：

　　和平时一样坦率、不遮掩地行事，用语言和行动向他表示，对你来说歪路、诡计和伪装是多么可恨，这样至少他知道，如果他这样做了会在你那里失分很多。

　　只要他还没有欺骗你，就完全信任他，让他觉得你会接受不了他欺骗你的事实。如果他了解我们对他的重视，就不敢轻举妄动了。

　　如果只出现小的诡计，那就表现得大度些，摆出可以原谅的样子，那么他们不会觉得你像个道德家，也就没有必要伪装了。

　　不要四处调查他们，也不要伪装，当我们占理，并且可以对不清楚的事情发问时，直接说出来，声音洪亮，目光正视，如果他们结巴地想避开，那也不用打断他们，省得去揭露骗子的假面具。

　　但此后对他们态度冷淡，或者用友好而严厉的语气警告他们不值得这样做。一旦他们第一次欺骗了我们，一定不要简单地一带而过。要对这第一次欺骗表现得很愤怒，摆出一副不肯原谅的样子。这一切要是不奏效，他们继续用诡计骗我们，就用轻视和不信任来惩罚他们，直到他们在言语和行动上有所改善。

17

　　还有一种人是爱吹牛皮的人。他们的本意并不是欺骗别人，而是想通过对事情巧妙地描述激起大家的兴趣，让自己更引人注意，得到别人很高的评价，或是想成为别人心目中受欢迎的，能说会道的伙伴。他们编造从不存在的事情，或夸大事实，只要他们从一个事实、一幅画或一个句子上面发现有发挥才能的地方，就开始加油添醋夸大原貌，有时连他们自己也相信这些牛皮。

　　听吹牛的人说话有时很有意思。而当你一旦熟悉他形象化的语言，你就知道其中多少是真的，多少有水分了。如果牛皮吹得太过头，人们要么用一连串的问题来问他所编造的事情的细节，这样他进退两难，会不好意思，要么在他牛皮的基础上再去夸大，让他明白谁还没有笨到相信他的话的地步，要么一旦看他要开始吹牛就转移话题让他没法吹牛。

18

　　和不知羞耻的人、懒人、寄生虫、马屁精及纠缠不休的人最好保持一定的距离。关系不要弄僵，但要用直接严厉的行为告诉他们，他们的社交方式和信任度与我们是相悖的。一次我认识的一个人告诉我，他有次在荷兰经过一个人的办公室，发现门上用大写字母写着："要一个有事业心的男人接受被无所事事的人超过的事实，这简直太困难了。"这个想法并不糟糕，要赶走那些喜欢向我们要东西吃的人很简单，只要不给他东西，叫他走就行了。但对于马屁精，尤其是很会拍马的人，就要坚守自己的道德标准。当我们习惯了恶劣的花言巧语，我们就不停地想被恭维，会觉得忠言逆耳，远离那些忠诚地指出我们错误的朋友。为了避免这样的后果，要对拍马屁的行为态度冷漠。要像对待敌人一样从马屁精身边躲开！但做到这点也不容易。有种花言巧语是从反面来表达真正的意思。狡猾的马屁精研究了你的弱点，认为你非常明智、懂事，为了不让你觉得他的行为是个危险的陷阱，就不会时时支持你，更多的是指责你。他会告诉你，他不明白像你这样高贵和聪明的人为什么会被大家忘记，他认为这样的事只有他这种人才会碰上。

他会批评你文字上的错误，一开始你必定觉得无关紧要，但为了让他赞扬你真正下功夫的地方，你也会去附和他的。"遗憾啊"，他会说，"您的交响乐——我不是拍马屁，我一直都坦率说出我的想法——这么好的、堪称经典的交响乐如此难表现出来真是遗憾。从哪找有水平演奏它的大师？"请原谅我直接指出你本应避免的一个重要错误。如果你认为高尚的生活方式应得到名望，那么他会骂你是个厌世者，如果你觉得被看作一个机灵的大臣不错，他会指责你诡计多端。就这样他会在你和其他目光短浅的人那里赢得一个不偏袒任何人、热爱真理的口碑；他的甜言蜜语会顺利地被接受。你的在陶醉中的心就会对这狡猾的嘲讽者敞开，这种人我在宫廷里见多了，他们表面善良朴实，对侯爵们总进忠言，实际却是最卑鄙的空谈家。

19

现在我想谈谈如何对付无赖和恶棍，尽管我认为没人天生就是坏人，可能是因为教育有缺陷，压抑了他们的热情，或由于命运、环境造成无人管教，以至于与生俱来的优点消失得无影无踪。这里讨论的重点不是一个人怎样变成无赖，而是如何对付这样的一个人。我会讲到我和敌人及走入歧途的人如何交往，再补充一点评论如下：

这是不言自明的，要想生活安宁，保持道德的完整性，就必须杜绝和坏人的交往。如果一个人原则性很强，不会跟坏人学坏，那么渐渐地他会了解种种恶行，不会对任何不道德的行为产生恐惧，而这种恐惧会让平常人立刻警惕起来，不去作恶。可惜有时境况逼我们必须和无赖生活，一起做事情，这时一定的谨慎是很有必要的。别以为你的头脑和心智会帮上什么忙，让你和坏人一起时会相安无事，和平共处。无赖们之间唯一的共同点就是打击报复所有理智高尚的人，这种特点让他们在人群中可以相互辨认并狼狈为奸。平时他们也互不理睬，一旦能够践踏做出过真正贡献的人，他们立刻走到一起。谨慎、克制、无辜、正直、仁慈统统都没用，想慢慢发现他们好的一面也是妄想。你身上的优点都不容易被发现，更别说坏人的了。他们会不停地嘲笑你，污蔑你的名声，一会含沙射影，一会中伤你，把你无辜的话和行为用

恶意的语言描述出来。请别被他们的行为迷惑！要是真的被无赖们折磨了一段时间，那么你的诚实和坚持最终会战胜他们，坏人会搬起石头砸自己的脚。只有对付坚强的有男子气概的人时他们才会联合起来在暗处出击，要是到了明处他们会溃散开来！要是开始分赃，他们之间会咬牙切齿，这时你尽管带着属于自己的东西逃出去。走你的正路吧，不要使坏心眼，不要放暗枪来回击暗枪，设诡计对付诡计。别和坏人狼狈为奸。行为上要慷慨宽容！不道德和不信任会让一般的坏蛋变成真正的恶棍，相反，宽容至少可以让一个没彻底变坏的人有所好转，并唤起他的良知。但他必须体会到你是出于仁慈而非恐惧才这样做的。他必须感受到，当最坏的情况出现，勇敢正直的人所爆发出的力量、果敢和正派会比一个身居王位的无赖还要强大；一颗高尚的心灵拥有的美德、智慧和勇气要比以流氓为首的乌合之众厉害得多。连死都不怕的人还会怕什么？

还有人试图得到我们的信任和知心，这样当我们不做他们要求的事情时，就会以此来威胁我们，对他们要聪明地小心提防。

别给你不放心的人送礼物，要是你还相信慷慨会打动这样的人，那么结果往往会令你失望。

除非有特殊原因，否则别借给他们钱，有些人口蜜腹剑，或心口不一，做事轻率冲动，只要没什么必要就别揭穿他们。人们应该引导他们去怀有良好的动机。

20

要鼓励太过谦虚和胆怯的人对自己有更大的信心。如果自高自大是值得轻视的话，那过于羞怯就是太懦弱了。高尚的人要认识自身的价值。要像对别人一样公正地评判自己。夸大的表扬和赞美会侮辱谦虚的人。他必须低于你称赞的水平，让他从你行动中表现的真诚的喜爱中去体会到自己的可贵之处。

21

对轻率和多嘴的人当然不能说出秘密了。最好是人人根本没有秘

密，这样就可以一直自由和坦率地行动，心里想的一切都能让别人看到，除了能够大声说出来的事情，其他再没有可思考和谈论的事了。

让有些人闭嘴是不可能的。当看到他们害怕地来回踱步就知道他们有新消息了并正在受煎熬，很快他会把这个新闻告诉另一个长嘴的人。还有人不是不知道沉默是金，可能是不够聪明，通过眼神或其他方式就出卖了自己，或是不够坚定，禁不住别人盘问，或是对他们所信任的人的真诚和缄默程度有过度乐观的估计。对上面所有的人要守口如瓶。在最初和饶舌的人交往时，当他们说关于我们的闲话时就严肃地警告，吓唬他们，这样他们就不敢在背地里提到我们，不管是说好话还是坏话。这样做有时也不是没有好处的。人们如果想传播一个童话故事，可以利用每个城市都有的那些人人熟悉的送报人，只是一定别忘了要求他们保守秘密，否则他们也许会认为不值得去散布开来。

爱多管闲事、好奇心重的人可以根据情况或严肃或轻松地对待。要是发现他们不关心我们的工作，而总窥视我们的生活，偷听谈话，参与到我们的生意里，想琢磨出我们的步骤和计划，就要采取严肃的态度对待，用口头、笔头或行动向他们表明不要对我们有兴趣，即使是远远地打听也不允许。要是有兴致和他们斗，可以用一些幼稚的行为激起他们的好奇心，转移注意力，我们可以趁机做一些事情。

一心二用和健忘的人不适合做要求准时的工作。年轻的人有时还能改掉这个毛病，让自己的思想集中。有些性格太活跃的人很容易忘事。从来不待在他们应该在的地方。但年纪大了，更冷静和谨慎时，这个弱点会好一些。还有人看上去很涣散，因为他们认为那样给人印象舒适或显得有学识，对这种人只好耸耸肩表示无奈，要小心上他们的当。我认为有些人是身体上有疾病。他们的记性就是不好，而且通过训练也不会好转。有人建议这种人最好把所有的东西都写下来，每天或每星期读一次；最郁闷的事莫过于别人给我们做了承诺，我们就相信了他，而事后他却忘得一干二净。

22

有一种人脾气古怪，虽然他们没有恶意，不常吵架和生气，但是

人们还是不容易接受他们。他们很拘泥于细节，死板，总和别人不同。比如别人在房间里放椅子的位置就和他们希望的不一样。要是想让他们重视你，就必须服从于某些特定习惯，比如有特点的服装，大声或小声地说话，字写得大或小之类的。有人可能会说，一个理智的人是不会在乎这些小事的，然而就有这样一种人，他们对待其他的事情可以理智公正，但这些小事就做不到。更重要的是得到这种人的喜爱对我们很重要。要是这样，我建议，在小事上要听从他们，博得他们的欢心，而其余和我们无关的事就让它去吧，不要忘了，我们也有许多缺点需要别人来忍受。

有人会在不重要的事情上采用和别人不同的方式，并不是因为这种方法比别人的好，而是喜欢和别人不一样，这叫怪人。他们乐意看到别人注意他们，乐意看到一个理智的人和他们交往时思考他们的怪癖是否会伤害到别人，是否值得付出理智、耐心和关心。

最后还有一种受情绪控制的人。他们今天是最受欢迎的客人，明天是最令人头痛的伙伴。我建议 ——前提是情绪化不是因为不为人知的痛苦（要是这样请给予同情）——在他们情绪起落时什么也别做，像平时一样对他们，小心行事。

23

知道自己弱点的笨人要让明智的人来指导，这个明智的人要天生善良，性格温和才行。脑子笨的人是不能被忽视的，他们容易变好，很难变坏。不可能所有人都天资聪颖，否则世界就乱套了。要是不想永远生活在自卫和争论中，世上的庸人就必须比天生是统治者的人数要多，谁的道德水平高一点，也就是勇气、坚定性或良好的判断力方面胜人一筹，也许一定不会和笨人在一起。要是总出现好事，那么被领导的笨人会觉得他们自己比那些绝顶聪明的人还有用，比那些光做无用功的人还能派上用场。相反，不能让人忍受的就是和自以为像神一样聪明的呆板的人共事，还有虚荣、固执、不相信别人的家伙，以及想统治一切的笨蛋。在本书中我会根据不同的情况来讲如何和这类人交往。

人们常常会误认为对方脑子笨，反应迟钝或无知，这对人家很不公平。不是每个人会展示出他的想法和情感，至少在我们面前不一

定能做到。要根据他的行动来判断他，当然也要考虑到他的其他情况和机遇。人们很少这样想，这个人在世上没有作恶就很不错了，许多这样的人对世上幸福的贡献反而比那些一生都在不停狂热地追逐自己伟大目标的人要多。

接下来，学识、文化和正常的理性又是有许多差异的。有些人受的教育和为人处世中有许多规定，我们很容易把建立在协商基础上的原则，和不可转变、纯粹理性上的规范混淆在一起。现在我们习惯了拿标准去衡量，或者更多的是费劲去琢磨别人话里的潜台词，认为他们完全没有教养；这样，我们认为那些凭死记硬背说话的人是笨蛋，他们的嘴简直不知是怎么长的。我经常因为看到的艺术品，听到没文化的人和所谓行家所说的乏味的格言，而从错误、被强压的幻想中惊醒，再次找到真正的、自然的意义。我经常在观看戏剧的时候期待对艺术家客观的评价，迫切地想知道一无所知的平民对这出戏的印象，想看看一场感人的戏是会让全场安静还是哄堂大笑。这些是为了验证我的想法，即作家和演员在多大程度上忠于真实，或者是他们还缺少什么。艺术家很伟大，他能通过想象出的游戏和对大自然的重现让即使是未受教育的人也忘掉他们是被欺骗的。但很少能见到艺术和真实，文明和单纯肩并肩地在一起！请不要忽视那个为了美而舍弃糟粕的人。

对于心肠好但不聪明的人，我们要尽最大可能去帮助他。如果可以，让他们和一些不会利用他们的高尚的人交往，以从行动上引导他们。有些人不懂拒绝，至少在口头上，所以为了不伤害任何人，或不想让别人认为他们坏，他们就承诺超过自身能力之外的事情，为了别人去付出超过正常范围的精力。还有人很容易上当，他们信任任何人，为任何人付出和牺牲，不诚实、不仁爱的人也是他的朋友。另外有些人没有能力为自己求得什么，哪怕是简单的请求也不应该要求任何人为他们做。人们总是首先求助于心肠善良和乐于助人的人，因为不好意思而不敢开口的人什么也不说。别利用任何人的弱点！不要以不公正的手段骗取任何人的利益、礼物和精力，还给他人带来尴尬和负担，也请阻止其他人这样做。不要莽撞行事！当他不好意思为自己说话，请你站出来。有些人沉湎于某些兴趣和爱好，可能是对某一事物怀有崇高的热情，爱好打猎、马、狗、猫、舞蹈、音乐、美术，或狂热地

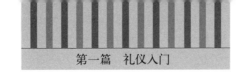

喜欢收集铜版画、博物标本、蝴蝶、图章、烟斗，或对建筑理念、园艺品、儿童教育、艺术或体育的资助、体能上的尝试有兴趣。不管是哪一种爱好，总之他们所有的想法都围绕着这一点，最爱讲他们的爱好，每个谈话都想往上面靠。他们会忘记，眼前的人可能对世上其他任何事情都比他们的爱好要了解得多，所以不要摆出一副很专业的样子，只是耐心地倾听或留心观察他们爱好的小物件，对他们推荐的稀罕物只是表示惊奇，显出有兴趣的样子，谁又不是铁石心肠，谁不会成全一个正派又明智的人的小小的快乐呢？首先我建议留心那些对我们利益有影响的大人物的癖好，因为就像特里斯特拉姆山迪观察到的，打了一下骑士的马比打在骑士身上还让他觉得痛。

24

和一个富幽默感、快乐并聪明的人交往会很容易和舒服。我说的是必须真正地懂得幽默，是发自内心而非被强迫的，不是空洞地搞笑。要是能发自内心地开怀大笑，让自己的快乐全都发泄出来，他一定不是恶毒的人。阴险和坏心肠让人精神涣散、严肃，总是心事重重地封闭自己，但也不能推理说性格不开朗的人就是坏心肠的人。心情取决于性格、健康状况还有自身与外部的原因。真正快乐的心情是能感染人的，令人感到舒服，它是心灵上真正的幸福，一下子就把忧愁和烦恼统统抛开。因此我建议多让自己开心几次，至少一周要有几个小时做到真正的开心和放松。

在愉快的气氛中如果一直放任自己讲笑话，就很难不被理解为讽刺了，除了人们做的许多蠢事还有什么能提供我们这么丰富的笑料？当我们想到这些人时，愚蠢的事情就跃到眼前，让人开心不已。不要去嘲笑那些蠢事，否则就不可避免地要嘲笑做这些事的人。这样的后果是严重和不好的。要是我们对他人的嘲讽得到附和，那我们的笑话就变得尖锐带刺了。其他一些缺少笑料的人可能把我们的例子加油添醋，用来嘲讽有缺陷的人。这样产生的后果众所周知，而且我在第一章里也说到了。我认为在交际中有义务去指责那些爱嘲讽的人。人们并不是害怕他们的尖酸刻薄，因为这种行为最容易暴露出内心的卑鄙，

而是不愿被他们引诱一同去诽谤别人，伤害到自己和别人，不想让自己失去耐心。因此不要给爱讽刺的人以掌声，不要培养他们取笑别人的习惯，当他们诽谤别人时不要跟着一起笑！

25

当然要远离低级的酒色之徒和所有放荡堕落的人，如果可能就避免和他们交往。大家都一定知道要小心被他们唆使染上恶习，光这样还不够，我们有义务巧妙地表示出自己对他们那掩藏在讨人喜欢的外表下的放荡行为的厌恶，不是睁只眼闭只眼，不要参与他们低级下流的谈话。任何一个正直、有责任心的人都不可以去助长这种败坏的风气，轻视贞洁、羞怯和实事求是，必须要通过善意的提醒并指出正途去挽救走向不道德的人。如果无效，至少向他表明，他并没有失去纯洁和美德，必须尊重他的身家清白。

26

现在讨论一下迷信的人。

迷信的人相信无稽之谈、鬼怪故事之类的东西，从哲学和理性角度所提出的疑问没有让他们清醒，但至少阅读和来自别人的嘲讽会对他们起作用。要是人们严肃冷静地去调查一件被传为是超自然的现象，然后让迷信的人亲眼看到这现象后的陷阱或原因，虽然这有点过分，但为了维护理性的权威，只好拿出证据给他们看，没有其他方法更能让他们信服了。

27

没有比假信徒更宽容的了，他们习惯把与自己对立的人、自然神论者、无神论者及嘲笑宗教的人视为普遍的人群。一个足够不幸的男人，不相信真理、神圣和基督教，那是值得人们同情的，因为他缺少一种本质上的幸福，一个在生和死时巨大的安慰。比同情更重要的是爱和尊重，当

一个人忠诚地履行了作为人和公民应尽的义务，并且没迷失在他的信仰里；如果有人因为坏心肠，颠倒了头脑和身体，变成为一个轻视宗教的人，或完全只是矫揉造作地到处宣扬自己是个改变了信仰的异教徒，公开地用枯燥的笑话，或照搬伏尔泰学说的空洞理论来嘲讽其他人用以作为建立自身希望和永久喜悦的基础；当他迫害、轻视、斥责每个人，责骂他们是伪善者或耶稣会会士；对于这些怀有恶意的行为我们应表现出极大的蔑视和愤慨，即使他是个优雅的男人。如果人们觉得用严肃的理由去反驳他的废话是白费劲，那么如有可能就堵住这个诽谤者的嘴！

28

　　一位经过慎重考虑的医生应该写一本关于怎样和抑郁症患者、精神病患者交往的书。他应该分析在医院内外的精神病患者，准确地按照季节和月亮的变化观察，最后根据结果拟出一套完整的方案。我缺少数据事实和医学知识。这部分有很大篇幅被删掉，因为关于和未被监禁的精神病患者的交往我已写了不少，那么这里就再说一点。

　　关于这些病人人们最想知道的就是病因，是否是由于身体某个部分的破坏或由于精神状况、过激的性格或不幸造成的。最终目的就是必须要知道，他们在疯狂、错乱或正常的时候都在想什么，幻想的来源是什么。这样才会慢慢了解怎样去治疗精神病，更重要的是抓住一个关键的病因然后摧毁它，或缓和一下。其次重要的是留意天气、季节和月亮变化对病情的影响，这样可利用有利的时机治疗。最后我注意到，监禁和任何的治疗措施只会激化病情，在这里我要真心称赞在美因兹法兰克福精神病院，那里让我增长了不少见识。只要是不危险的精神病人，可以在病情缓和的季节里在院子或花园自由走动，管制人员温柔和充满爱心地对待他们，许多精神病患者在经过几年的治疗后痊愈了，很多人只是有点忧郁，但已经可以做各种家务了。这种病情在其他医院也许会由于监禁和严厉的治疗而变得更糟。

　　可能因为爱情、傲慢或虚荣心受到伤害，病情较轻的人可以逐步地让他们恢复正常。这样的可怜人我记得是见过两个。一个是某侯爵那里的宫廷丑角。年轻时他头脑聪明，说话幽默，有时也会冲动一下。

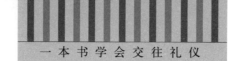

他本该去深造，但什么也没学到，除了放荡的生活方式。当他再次回到家乡，大家认为他是一个无知懒惰的人，连他自己也觉得生活也没什么意思了。他以前心高气傲也不很贫穷。他违背了家人的愿望，没有走像自己一样情况的人的道路，开始做这位侯爵的官员。他风趣的想法甚至吸引到侯爵的注意力。不久他得到侯爵和宫廷里的人的信任，虚荣心再次高涨起来；最后自然是一场空，因为别人在利用他，当他是一个有特权的小丑而已。但曾经这也是让他满意的一种存在方式。只要有点好处，侯爵就允许他和重要的人物交际，有时给他们讲粗俗的笑话，而这些重要人物也不愿时时屈尊接受他粗俗的表述，所以他受到了各式的侮辱，有时也挨了打，但他已经回不到他亲戚和熟人那里了，那里只有对他的蔑视，他的这点才能也没人理会。所以他越陷越深，完全依附宫廷。这位侯爵让他做一套有斑点的小丑的衣服，连厨房的帮工都不敢相信自己可以捉弄他，叩他的鼻子一下，给他四分之一升红酒。他每天在绝望中麻痹自己，有次清醒时他对自己可怕的现状感到痛苦，扮演这样低贱的角色，为了不被驱逐总要发明出新的笑话，内心的高傲在这样卑贱的生活中摧残他的身体。他真的疯了，有次发疯，别人用链子把他拴了半年。当我见到他时他已是位老人了，生活贫穷，大家认为他是疯子，讨厌他而不是同情他。当他展示出不同寻常的洞察力、幽默和天赋时还会得到赞许的目光。当他恭维别人，聪明地凭自己对人性弱点的认识而乞得一毛钱时，我不知道，我究竟应该为他的迷失自己，还是为拒绝他的人们而叹气。

　　另一个我想说的人以前是一份贵族财产的一位管理人，后来退休了。因为这个贵族不知怎样和他开始交往，就开他玩笑说他很笨，同时也傲慢地对待他。他们叫他侯爵，给他勋章，冒充上层的统治者给他写信，信中说他原本来自一个大户人家，但少年时被拐骗了；一个非法获得统治国家权力的苏丹一直在寻找他；一位希腊或希伯来的公主爱上了他之类的。肯定是有趣的朋友扮成了公使和他谈判，很快，几年后人们发现这个可怜虫真的疯了，并相信这些假话。我就不对这两个故事评论了，读者自己会明白的。

第二篇
与亲属、朋友的
交往礼仪

引　言

　　本书的第一篇涵盖了关于与各种类型的人交往的意见和评论，但是没有具体涉及他们之间特定的关系。然而，人与人之间各式各样的自然、家庭、社会关系对人际交往的具体应用提出了不同的要求和新的规则。正因如此，我在这第二篇中顾及了我们在人类社会中由于年龄和性别的差异、血缘和家庭关系、友情和爱情关系、感恩和亲善的态度以及不同等级的人所处的不同情况而造成的必须面对的问题。在第三篇中才会深入到等级、社会关系、习俗惯例及其他形形色色的人际关系加在我们身上的义务。

第一章

不同年龄层次的人
之间的交往

1

与同龄人交往总是有许多优越性，并且使人心情舒畅。因为相近的思维方式和许多能引起共鸣的想法的换位思考使得人们更易交心亲近。每一个年龄层次的人都有着自己特定的爱好和要求。然而随着时间的流逝，人们的心境改变了，原本紧跟时代的脚步开始变得缓慢，原本躁动的心也开始对新鲜事物渐渐失去兴趣，原本热情洋溢的他们渐渐褪去活力的光辉。此时，幸福的幻觉消失了，我们曾经一度热衷的事物也慢慢失去了它们的重要性，一起度过幸福的青年时期的玩伴已不在我们身边，年轻人也只是出于表面的尊重而坐在一旁，不停地打呵欠听我们诉说自己年轻时候的故事。因为只有当人们有着相同的经历时，他们的谈话才能更投机；反之，当一方所说的对于另一方而言完全是陌生的境况时，他们之间就很难产生共鸣了。上述的种种情形基本上都是绝对的；然而，人们性格气质、教育程度、生活方式与生活经历的不同又总是常常模糊它们之间的界限。比如，很多人在某些行为举止上总是保留着孩子气，而某些人却很早就在此方面显得很成熟。

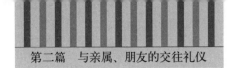

一个看尽世态炎凉、身心疲惫的年轻人与一群天真纯朴、知足常乐的乡下人当然是格格不入的。当一个平时活动范围不会超过离开他家乡5英里的人处在一群见过世面的和他同龄的城里人中时，他就会像一个年迈的僧人站在一群高龄的学者中间那样显得那么不合时宜。当然，年轻人和老妇人也有可能通过某些共同的兴趣爱好结成盟友，比如高雅的狩猎和游戏、低俗的诽谤和酗酒。与同龄人交往固然有很多优越性，然而把不同年龄层次的人严格地分离开来，这并不好。比如在瑞士首都伯尔尼，几乎每个年龄层次的人都有自己特定的社交圈，以至于一个40岁的人一般而言是不会与一个25岁的年轻人来往的。这种陈规陋习所带来的不良后果是不难想见的：年轻人听任自己接受并不十分符合道德的行为方式；某些好的影响被阻滞了；上了年纪的人变得越来越自以为是，缺乏宽容与耐心；如果他们周围的人都和他们一样，做着相同的事，且言必称颂过去的美好时光并诋毁现代那些他们一无所知的行为举止和道德规范，那么他们就会成为因循守旧的顽固家长了。

2

年长的人很少顾及年轻人的感受，经常扫了年轻人的兴致；他们不曾考虑到他们应该给予年轻人更多的鼓励，并且积极尝试参与其中。他们忘记了自己也曾经历过青年时代，一味地要求年轻人具有和他们一样冷静、理智、从容的思维，懂得权衡利弊，分清冗余；长者要求年轻人和他们一样具有只有经过岁月的洗礼才能积聚起来的成熟和老练。对他们而言，年轻人的游戏毫无意义，年轻人的玩笑是那么的轻率恣意。然而让一个上了年纪的人回首往事，完全回到二三十年前的过去，却是一件出人意料的难事。而年长的人在教育年轻人的时候往往会操之过急，秉着良好的意愿却产生不合理的评价。哦！让我们尽可能地保持年轻吧，即使岁月的风霜染白了我们的鬓发，我们已不再热血澎湃、激情洋溢，我们依然应该热情地关注年轻一代的幸福成长，因为在我们还裹着厚厚的冬装，在家中和同为父辈的朋友一起度过闲暇时，年轻人已经开始采摘春天的花朵了。别让无聊的判断桎梏了我们想象的空间！让我们回想以前幸福的日子吧：虽然当年那个可爱的

女孩已经变成了现在的老妇，但是当初她的微笑让我们幸福得似乎到了天堂；当年的我们，每一根神经都会和着音乐和舞蹈跳动；开一个轻松的玩笑就能将烦心事抛到九霄云外；做一个甜美的梦，生命便会因此而重燃希望。哦！让这段幸福的时光和这种幸福的感觉在我们的孩子身上延续吧！那么，无论是小孩子还是年轻人都会带着真心的崇敬来到和善的老人身边，因为正是这个和善的老人鼓励他们去寻求简单的快乐。在我年轻的时候，我曾有幸结识了几位上了年纪但却可亲可敬的女士。说实话，要是时间还能逆转的话，我宁可当初选择和她们一起度过我的一生，而不是和年轻漂亮的姑娘一起；在宴席上，当我不幸被安排坐在一个空有外表而无内涵的女人身边时，我总是会羡慕那些能坐在聪慧活跃的年长的女士身边的男人。

3

虽然年长者与年轻人交往时，持宽容的态度是非常善意的，但是如果一位长者在晚辈面前过分否认他对威严和礼貌的要求，比如在社交生活中他过于讲究穿着或者有时他会装出滑稽的学生样，那么这肯定是一件十分可笑的事情。又比如一位女士，在重要的祭祀仪式上把自己打扮得像一个小姑娘似的卖弄风情，在跳英式舞蹈的时候手足乱舞，甚至认为其他年龄层次的人无权和她一样去赢得别人的注意。这样的情形只能招致别人的蔑视，上了年纪的人是绝对不允许给年轻人以任何机会来嘲笑他们，或者让人们在他们面前遗忘应有的礼貌和顾忌的。

4

然而，仅仅是长辈不给晚辈难堪、不给其造成困扰是远远不够的，他们之间的交往还得给年轻人带来益处。丰富的阅历赋予了长者教导年轻人的义务，给他们指明方向，为他们出主意，提供帮助。但是，这种帮助又绝对不能是死板而傲慢狂妄、可笑而固执的；老人们不能一味地赞扬过去的美好，而对当下嗤之以鼻；老人不能要求年轻人放弃生活的乐趣，而让他们只学会对老人始终的尊崇和恭顺的侍候；老人

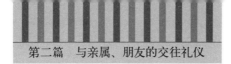

在提供帮助时，不能让年轻人觉得无聊，也不逼迫他们接受自己的想法。长辈应该让晚辈经常去拜访他们，并且年轻人也是不会吝啬这种诚心的拜访的，因为一个追求良好德行的青年懂得，他们必须与友善且能理解他们的长辈交往。他们认为，与一个有着丰富生活阅历并且循循善诱的老人谈话是令人向往的。

5

现在该说说年轻人应如何与长者交往的事了。在我们这个充斥了偏见、所谓的开明时代里，一些我们与生俱来的品行已经丧失了。这其中也包括了对于长者的尊敬。现在的年轻人早熟，更早地变得睿智且谙于世事。大量内容丰富的期刊与杂志使得年轻人通过阅读就可以弥补他们经验与勤奋的不足。这一点也使得他们具有足够的智力来决断一些事情，即使这些事情是人们早先以为必须通过多年孜孜不倦的学习研究才能一窥究竟的。因此，一些"高尚"的品行便应运而生了：独立与自信使得他们不以头脑简单为耻；对于自我价值的认可也让那些毛头小子反而瞧不起年长的人，并且对于任何对他们产生阻滞的事情叫嚣不止。而上了年纪的人最具资格做的则是谅解年轻人的行为，对他的还不懂事的后辈提出警示和正确的指引；并且对于这些年轻人寄予无限的同情，因为他们没有自己那么幸运，被生在一个崇尚智慧的幸福年代里。我本人的经历亦是如此。在我出生的年代，大部分我在这里提到的博学的人都还未长大成人或者甚至还未出世，请原谅我不能在这里进行很明了的说明。如果我在这里提出的一些规则已经古旧过时了，那么我也请求大家的谅解。

6

世界上有很多事情除了可以通过经验来习得之外别无他法。比如有些学科，它们需要通过长期的学习、多方的观察以及冷静的思索才能被掌握，以至于我认为，即便是最聪慧的天才、最聪明的头脑在某些方面也需要一位前辈的指导，即使这位前辈天生的智力并不高，但他具有长期研习的经验，年轻人就该对他的言行投以积极的关注。就

算不以这些学科专业为例，在生活的各个领域我们都不能否认，每一个上了年纪的人日积月累的各种经验使得他们能够纠正错误的想法、摆脱奇特的念头，使得他们能够不那么轻易地被幻想和冲动引入歧途，使得他们能够更客观准确地来看待身边的人和事。此外，那些对世界上的宝藏和快乐已经麻木不仁而难以体会的人，在他们的生命中只会滋长忧虑和苦闷。对于他们，我会不假思索地对他们高声叫喊："你该去拜访一位老者！请尊重长者吧！尽量去寻找能和年长的智者交往的机会！别忽视他们的冷静与理智，还有他们提出的警告！请用你希望你自己双鬓斑白了之后别人对待你的方式去对待这些老者吧！就算任性草率的年轻人逃离了这些长者，也请你不要舍弃他们，保持和他们的交往吧！"

另外，有一点是值得肯定的：就像到处都有明理的年轻人一样，人们也随处可见为老不尊的人。而这些明理的年轻人在别人还在磨刀霍霍的时候已经小有收获了。

7

另外，还有一些有关和孩童相处的事要交代，但是我要说的不多。因为如果在这个问题上长篇累牍，那么这部作品就会变成一部介绍如何教育孩子的书，这当然不是我的目的。

一个有头脑的人会觉得和孩童打交道是一件十分有趣的事。在孩子的身上人们能看到大自然未改换的真面孔。人们看到的是真实、简单的自然，而这种自然在人们长大以后只能从一大堆生涩难懂、委婉隐讳的表达中费力地悟出来。随着年龄的增长，人们性格中最真实的部分慢慢地丢失或是被戴上了因循守旧的面具，但是这种真实在孩子的身上却总是能被发现。因为孩子们没有受到原则、热情、博学等要求的束缚，所以他们对许多事物做出的判断往往比成人来得正确。他们接受某些观念的速度较之成年人快得多，却比成年人拥有更少的偏见。总之，如果有人想研究人类学，那么他一定不能错过加入孩子的队伍！和孩子们打交道比之与年长的人打交道更需要一些技巧和思索。至高的一条原则就是，绝对不能惹孩子生气，绝对不能在孩子们面前表现得轻率，因为孩子们在这一时期对一切事物都非常好奇，有着非

常强的模仿能力，要给他们做出正直、善良、忠诚的表率。总而言之，为了孩子们的健康成长大家应做出自己最大的贡献。

在和孩子交往的过程中，应使你自己的言行充满真诚。记得要放低姿态（当然，绝对不能使你自己显得可笑）。用孩子们能理解的方式与他们沟通。不要像有些人那样习惯性地戏弄嘲笑他们！这对于孩子性格的成长不利！

有教养的孩子会通过独特的途径使自己成为一个高尚、有爱心的人，即使他们周围并没有太多这类型的榜样人物，因为他们会避免和那些在他们看来十分特殊的人接触。心灵的纯真与真实是此间最伟大的魔咒；这个绝不是硬靠着规矩便能实现的。

父母全心全意地照顾自己的孩子，这当然是情理之中的事。因此，我要给全天下的父母提个醒：绝对不要忽略您的孩子！一定要给予他们充分的关注！但是，绝对不要溺爱他们。否则的话，孩子们就会变得自私与高傲，变得不通人情、虚荣骄傲，在非德行的道路上越走越远、背离自然的本色。

另外，家长们也要提防一点，那就是绝对不能剥夺孩子们的天性，只能给予他们必要的指导。否则，孩子们会变得叛逆，反而不利于孩子的成长。

第二章

父母、孩子和亲友之间的相处

1

　　人与人之间最初与最自然的、仅次于男人与女人结婚的最紧密的关系便是父母与孩子之间的关系。即使这种孕育常常不为孩子所愿，但也很少有人会对于自己被降生于这个世界上感到不满。虽然在我们的国家，并不是每一位父母都是完全出自自愿地去抚养照顾自己的孩子，但是，如果说他们并没有全身心地付出努力来照料我们，或者我们不承认父母身上传达的善意、好感和感恩的情怀拉近了我们与他们——我们的骨肉至亲之间的距离，那么这种态度就是愚蠢至极的。我们的父母关怀我们、照顾我们，愿意与我们分享一切。

　　类似于这种父母与孩子的便是同一家族成员之间的关系。同一家族的人由于家庭形式相近、所受的教育相同，并且有着共同的兴趣和利益，所以他们之间的关系是和谐的。他们对于彼此能体会到一种对于外族人员体会不到的情感。并且，他们的家族越大，外族人对于他们而言更陌生。

　　爱国情感已是一种很复杂的感情，但是对于一个并不是早先被放

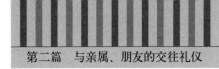

逐于社交圈外、懵懂无知地从一国游历到另一国并且没有任何财产和对于公民的职责一无所知的人来说，爱国比爱整个世界来得更真挚也更热切。一个不爱自己母亲的人、一个面对曾照料他让他度过无忧无虑美好童年时光的父母都毫不动情的人，又怎会尊崇人们普遍珍视的财产、道德及其他的一切呢？而这一切正是维系他的家族甚至是维系一个国家稳定的基础。

2

　　有一些家长，因为整天忙于自己的事务，一天之中难得见到自己的孩子；或者请人来照料孩子的起居和教育；又或者他的孩子已经长大成人了，但是他和孩子们之间的关系十分疏离，彼此间陌生得似乎孩子并不是他所生。不用说，这样的行为是多么的不自然和不负责任。也有一些家长，他们要求自己的孩子对他们几近奴隶般的尊敬，对他们绝对顺从和忠诚，以至于父母和孩子之间缺乏信任和心的交流，而让孩子觉得在父母身边度过的每一分钟都是煎熬。还有一些家长忘记了小男孩终会长大成人，他们始终认为自己的子女还不懂事不成熟，对待他们就像对待懵懂无知的小孩一样，不允许他们有任何一丝自己的意愿，也绝不相信孩子具有的理智。这一切都不该如此。尊重并非来源于严厉的疏离，反而类似于朋友间的信任，往往能达到意想不到的效果。人们不会爱一个令他不敢抬头仰视的人；人们也绝对不会信任一个总是满口法制的人；强迫会抹杀一切自愿。如果一群已经长大成人的孩子能围坐在他们敬爱的父亲身边，把他当作一个真诚的

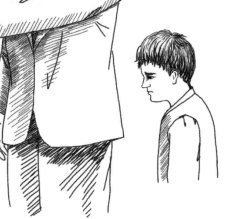

朋友，向他敞开心扉，寻求他的帮助，并且热切地想学会父亲智慧且友好的与人交往的方式；同时，这位父亲也能体验孩子们无邪的乐趣或者至少不干扰他们的乐趣，并把孩子当作是自己最好的朋友来看待，那么还有什么比看到这一切更令人感到欣慰的呢？这是一种集结了所有人们认同的情感的联结：自然、认同、感恩、相同的审美观、同样的兴趣爱好和与人交往的方式。但是，有时这种信任也会过度。比如我认识一些为人父母者，他们对于孩子们极力想隐瞒的恶习置若罔闻，甚至纵容他们的行为，从而成为孩子们嘲笑和厌恶的对象，把自己搞得很狼狈。这样的家长我们应给予他们一些正确的指导。

3

日常生活中，我们也常常能见到一些孩子对他们的父母不尊敬。人与人之间最紧密的关系在他们身上变得松散了，年轻人觉得他们的父亲并不睿智，不风趣，不够开明。女孩子们觉得和母亲在一起十分无聊，忘记了当年母亲帮她们推摇篮，在她们病重的时候在身边衣不解带地照料她们。为了照顾这些脆弱的小生命，母亲付出了多少青春年华，付出了多少别人难以替代的心血。孩子们不记得，他们的号啕大哭毁了父母多少个美好的夜晚，他们令担负家庭重担的父亲多少个夜晚难以入眠；为了孩子父亲放弃了很多舒适和惬意，有时为了抚养孩子他不得不在一些无赖面前折腰。品行好的人是不会扼杀自己感恩的意愿的，而他们也需要我的忠告，我的书不是写给那些恶俗的人看的。

我只想提醒一点，即使孩子有理由为他的父母的一些弱点和不良习惯感到羞耻，他们也不应该对父母失去尊重，这一点往往是他们所欠缺的。上天的庇佑和善良人们的敬仰是对那些全心全意照顾自己的孩子的父母们的最高奖赏。对于一个孩子来说，生活在一个不和睦的家庭是非常痛苦的，孩子将处于一个非常尴尬的境地：他不得不选择支持还是反对自己的父母。但是，通常聪明的家长是会尽量避免这种情况发生的，他们不会让自己的孩子卷入到这样麻烦的事情里去。而懂事的孩子也会在这样的情况下周详地考虑，按照正直、正派并且明智的原则去处理。

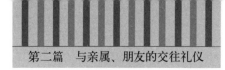

4

　　我经常听到有人抱怨说，他们在陌生人那里可以寻求到更多的保护、认同和亲近感，而他们在自己的亲人身上反而感受不到这种感觉。但是，我认为这种说法很大程度上是不公平的。因为在亲戚朋友中也有一些与我们并不投缘的人，在他们之中也有一些人只会巴结自己那些富有且社会地位高的亲戚，而对那些地位低、贫穷的亲戚不理不睬。但是，我认为这其中也有一个原因，那就是人们在情感上通常会对自己的伯父伯母提出超出对其他人的要求。我们的宪法和与日俱增的奢侈要求我们每一个人都必须为了自己的房子、妻子和孩子而努力地工作。而那些自以为在危急时刻可以倚仗那些有权有势的亲戚而整日无所事事、浪荡度日的人却总是有着不可被满足的要求，并且常常向自己的亲戚提出。为了不给自己加上这个尴尬的矛盾，我建议虽然我们不应放弃能使与家人交往更为融洽的真心的信任，但是不要对自己的亲人提出过多的要求，比如帮助和支持等。对待亲人应该像对待其他人那样适当。

　　另外，对于亲人之间的交往我还想说一些我在后面要提到的对于夫妻和朋友之间相处的建议，那就是人们在和自己已经熟识、不需要在他们面前戴假面具的人交往的时候，必须在行为上双倍地谨慎。这样，双方的交往才不会费力，也不会因为一个小小的疏忽而觉得背离了德行的宗旨。

　　最后，我希望，居住在中型城市的千家万户不要总是固定地分群而居，因为这样整个社会就会被分割成特殊的几个小块儿，而那些和这些家庭非亲非故的人就会和他们很疏远，从而导致陌生人在他们中间有被出卖和格格不入的感觉。

　　另外，还有一些大家要注意的地方。第一，一些上了年纪的、特别是没有结婚的亲戚经常会苦口婆心地教导他们的已经成年的侄子和侄女，有时还会向他们暴发歇斯底里的情绪，并把侄子和侄女当成还坐在婴儿学步车里的孩童来对待。我想，他们这样的做法该改改了。否则的话，这些年长的叔叔阿姨就真的成了老古董了，如果人们总是一再地强调家族的传统，反而会使年轻人觉得厌烦而离经叛道。相反地，

如果长者和年轻人能轻松愉快地相处，不对他们提出过高的期望，那么他们之间的关系就会更为和谐。第二，在某些城市，亲戚之间的规矩很多。经济、人情和一些其他方面的顾虑迫使他们经常碰面。可是见面的频率高了，产生矛盾的机会也就多了，于是他们之间的相处就变得非常困难。所以，如果互相之间不能体谅、不能统一、不能友好地相处，那么我认为人们最好不要勉强自己，互相之间应谦虚忍让，并根据自己的意愿选择想要交往的朋友。

第三章

夫妻相处之道

1

　　人类生命中最重要也是最明智美好的抉择便是结婚。结婚是为了使自己今后能更愉快幸福地生活。然而，如果夫妻双方没有努力地使婚姻美满幸福，而总是互相抵触闹矛盾，相互间分歧很大，且认为他们的结合是不幸的，那么这样的婚姻无疑是最可悲的。这样的境况总是迫使夫妻双方不断地做出牺牲，奴隶般的桎梏又使得婚姻的枷锁夹得更紧，使人没有喘息的余地。

　　即使夫妻间只有一方对自己的婚姻感到不满或厌恶，从而感到婚姻生活十分痛苦，那么这样的婚姻也是非常不幸的。如果这段婚姻不是出自真心，而是出于政治、经济上的考虑，或者是强迫、绝望、困顿、感激，心怀凑合着过日子的想法，或者结合只是一时的冲动或只是出于生理需要；如果夫妻间其中一方只知索取，不知给予，无休止地要求对方满足自己的需求，要求对方提供帮助、建议，一直关注他（她），在他（她）心情不好的时候哄他（她）开心，可是自己为对方却不做什么奉献，那么这样的婚姻也不可能是美满的。所以，如果你想今后的幸福婚姻不是一场巧合的游戏的话，那么请你在选择你的终身伴侣时一定要慎重！

2

　　世界上有很多基于自己的意愿而结成的婚姻，是在人们到了一定

年龄并且是大费周章而结成的。虽然人们在对婚姻的迷惑中始终希冀美满和谐，可是在结婚时却是盲目的激情和自然的驱使多于成熟冷静的思考。于是人们会提出疑问，世上有如此多这样的婚姻，美满的婚姻却还是比比皆是，这是为什么呢？因为天意已经把一切都安排得井井有条，所以要成为能阻挠婚姻幸福的因素也是不容易的。也许人们在年轻的时候还不够熟练地做出明智的选择，但是年轻人比心智成熟的人具有更强的可塑性，更容易被引导、被塑造，并且也更顺从。一样东西，如果它带有清晰的棱角，但是在这样东西还保持着一定的软度时，它的棱角是很容易被磨掉的，有缺陷的地方也很容易被补足。人们往往只有在经验和命运把我们搞得筋疲力尽、处处小心且对世事有诸多要求之后，以冷静的理智权衡一切，发现人存于世莫过于区区数十年，大家应该珍惜还能存活的时间时，才能把这些事看清。虽然年轻的夫妻更容易产生争吵，可是争吵过后恢复和平也更容易。矛盾与愤怒是不可能维持长久的，这时如果身体语言也能同时发生作用的话，那么即使是最激烈的争吵也会被一个拥抱而化解。慢慢地，双方就会产生共同的习惯和要求在一起生活，会有共同的爱好和家庭的琐事使得两人不会再产生奇怪的念头，以愉悦的心情对待孩子，共同承担抚养和教育孩子的责任。所有这一切都会使身强力壮的年轻夫妻看轻婚姻的重担和束缚，而保持由于和另一人分享而加倍的愉悦。可是，上了年纪的人就不是如此了。他们会为自己要求更多，想要收获、享受，而不愿承受负担。这个年纪的人想要被照顾，他们的性格已经成型了，很难被改变，并且他们的愿望并不十分渴求被满足。他们中只有少数人是例外，而这些例外也往往只有那些最为高尚的人，随着他们日渐年长而变得更加宽容理智，并深信人性普遍存在的弱点，少要求多给予；但是这往往是一种类似于英雄主义的牺牲，而我们这里所说的是双方的幸福。所以，简而言之，我建议有点年纪的人在选择伴侣的时候不可急躁。如果有人匆忙做出决定，那么他必将为自己的决定而承受后果。

3

我并不认为，要达成一桩美满的婚姻必须夫妻双方有相同的脾气、

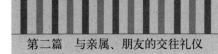
性格、思维方式、能力和审美观。相反，我认为更多的应该是互补（只要这种差异不是太大，不是鸿沟）能使婚姻更为稳定。一对有着共同兴趣爱好的夫妻，如果其中一方的急躁能被另一方谅解，如果丈夫的过度热情和激情能被妻子的温柔和迟钝而稍为缓解的话（或者互换），那么这对于避免过快的脚步和由此而产生的后果是很有好处的。如果夫妻两个都十分奢侈，过分讲究生活的品质，那么这样的婚姻很容易破裂。又因为大多数的年轻人都会根据自己的意愿找一个像自己的人作为伴侣，所以要是有一个上了年纪的长者来限制甚至取消这样的结合也未必不是一件好事。关于选择伴侣就说到这里了，也许这已经比应该讲述的要多了。

4

　　婚姻生活中夫妻双方必须注意的问题是，由于夫妻两人天天见面，所以他们有着足够的时间和机会去发现对方的缺陷和脾气，即便是对方所犯的错误很小也必须忍受这一错误所带来的不快。在这种情况下，重要的是：要找到一种方法，使夫妻二人的相处不负累，不无聊，不冷漠，不无所谓，甚至是不感到恶心厌烦。在这里，交往中聪敏的细心是很必要的。人们应去掉一切伪装，但是要保留对自己的一定程度的关注，并且应远离一切可能会造成反感的事情。所以，夫妻不应抛弃对对方的礼貌，因为这很大程度上和互相间的信任有关；并且这也是一个有教养的人的标志。两人不应感到日渐疏远，相反地，要使自己对于每天都要谈论的重复的谈话不感到厌倦，不感到负累，想要寻求新的娱乐。我就认识一个男的，他会讲很多轶闻，但是他总是在他妻子和他妻子的朋友面前翻来覆去地讲这些事，使得每一次他又开始讲他的故事的时候，人们对他的妻子感到了厌恶。一个好读书、常常有社交活动并且会思考的人会不断地发现新的谈资。当然，这并不是说让大家整天都懒洋洋地相对而坐。所以，有些夫妻为了打发无聊的时光，而正好又没别的朋友可拜访，他们会在一起打上半天的牌或者慢慢地品尝一瓶红酒。如果你看到有这样的夫妻大可不必感到惊讶。最为理想的是丈夫应该有自己的事业，为此每天都要在书桌旁或是离开家几个小时，因为偶尔的离家、出差会使夫妻双方产生新的激情。他的忠实的妻子则会在家里热切地期盼他回家。

当他回来时，她会关切地迎接他；然后，晚上的几个小时会在愉悦的谈话中度过，而谈话的主题都是他们的家庭。这样，双方就不会感到厌倦了。这能使彼此显得珍贵，并且互相产生热切期待。即使在家里对自己的外表也应该十分注重。绝对不应该衣衫不整地、不修边幅地出现在自己的伴侣面前。如果你们是生活在农村，切记不能学会粗言粗语，对自己的行为举止不在意。试问，一个女人怎么会去爱、去尊重一个在她认为总是会犯错误且不高尚的人呢？话说回来，如果你们的婚姻已经变成一种牺牲，如果你的义务沉重地压在你的肩上，那么你又怎么会幸福呢？

5

有一条适用于所有关系和所有状况的总规则，也同样适用于婚姻，那就是：在任何碰到你熟人的场合，你都必须细心、及时、根据计划地做好你应做的事。只有这样，你才能要求别人对你尊重，并且使得那些只通过某种闪光的品德才能获得的昙花一现的好感黯然失色。所以，夫妻双方也请完成自己应承担的义务！丈夫不应该吹嘘自己的不自私，自己的努力，自己如何会赚钱，别人是如何尊重自己，而自己每个星期又会静静地小酌几杯。而妻子不应该坚持强调自己的贞洁——因为这也许是偶然并且是没有激情的结果，同时却忽略了自己孩子的教育。不能这样！一直强调对方有尊重和爱慕自己的义务，他也必须懂得如何去获得别人的尊重和爱慕。如果你想让你的妻子最为尊重你，那么你并不能要求她对此保证——谁能保证做到这样的事呢？

你应该努力让自己做得更好，在各方面比别人都好。只有这样才能界定美德和恶习，因为其他的都同等重要。一个不负责任的父亲和一个不守妇道的母亲一样都应受到惩罚。只有这样才是人们正确的行为之道。人们总是强调摈弃恶习，却不知道缺失美德和犯下恶习同样罪不可恕。一个上了年纪的女人带着满腔的怒火责罚一个因为年少无知而犯了错的小女孩；一个德高望重的老妇人没有教好她的孩子，让他们像愚蠢的动物那样成长，并且认为她对此一点责任也没有！虽然如此，她却没有违背婚姻的忠诚！所以，周到且细心地完成自己的义务乃是使婚姻长久维系最为重要的方法。

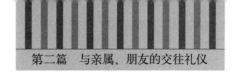

在日常生活中这样的情况屡见不鲜：一对夫妻，其中一方冷落了另一方，那个被冷落的人会在一段比较短的时间里对可爱的陌生人动心。当第一段盲目的爱情烟消云散之后——而盲目的爱情又极易消逝——夫妻俩互有成见地在一起生活，以至于不能感受彼此身上的优点。另外，与我们不常相见的人往往会以他们最光鲜亮丽的一面出现在我们面前，让我们嫉妒羡慕。可在和我们朝夕相处的人身上我们已经很难发现他（她）的优点了。不过，只要丈夫始终如一地忠诚地履行他在婚姻生活中的责任，并且不会无端地猜忌导致不良后果，那么这样的动心与好感会很快消失的。爱慕与尊重是不可强求的。

一颗需要监守的心就像一个吝啬的人所拥有的财富，这笔财富对他而言不是值得高兴的财宝，而是一种无用的负担。遇到阻力则更会激起人的逆反心理。没有任何一种戒备可以严密到不受欺骗，并且我们人的天性如此，那就是当我们想得到一样东西却总是得不到，即使这样东西对我们而言并没有多大价值，我们往往还是会付出双倍的努力去试图得到它。夫妻之间不应该耍对待情人的那些小伎俩，故意地激起他（她）的嫉妒，妄图得到他（她）更多的爱。一对相敬如宾的夫妻间是不允许出现任何的差池的。如果我的妻子认为，只有她移情别恋，我才会为她倾注我全部的责任心和温柔以挽回她的心，那么她对我的尊重感也会随之而消减。相反，她会认为我只不过是想和她玩游戏而已，这可比上面所讲的情况还要糟糕。

我敢断言，哪怕丈夫使妻子或是妻子使丈夫感到短暂的不安，只要受伤的那一方继续忠诚地履行着他（她）对婚姻的义务，那么这种情感的混乱也是不可能持续很久的。只要冷静地试验一下，人们便能很快地重新意识到：即使那个人拥有再好的品行，他（她）也不可能像我的丈夫（妻子）那样，和我同甘共苦；他（她）也不可能与我心心相系，对我忠诚，也不是我孩子的父亲（母亲），他（她）不可能和我在生活中风雨同舟，即使我离开了我的丈夫（妻子），他（她）也不可能成为他（她）的替代。这种思想上的回归，不管它来得是早还是晚，它都是甜蜜的，会让一切的不快都烟消云散。

7

聪明和正直都要求我们能抵御住这种婚外情的诱惑。当人们年纪还小的时候，幻想力极其丰富，心经常会脱离头脑的束缚。我建议年轻人应尽量避免这种危险的境况。人们要强烈抵制眉目传情，往往正是这些意外的小举动会伤害到自己的婚姻，它会使充满正直感的男子慢慢陷入游戏中，从而他会去寻找一个毫无结果的胜利，这就造成了他的无数个不眠之夜。眼泪不知不觉流了下来，这就更加激起了妻子的妒忌之情。总有这么一些女人，她们把婚姻中仅有的一点的家庭的温暖和安宁也破坏得荡然无存。我认为，如果一个男人拥有可以理智地来辩解自己心中感情的基本能力，而他又不断地在寻找自己的幸福，那么可以引导他做一个简单的辩解，拿他的出轨和她夫人所掌握的证据相比较，就可以发现，他在这些方面所犯的错误明显大于他那个宽容大度和忠诚的妻子。

8

丈夫为妻子出生入死，而同时又对她没有提出任何要求，于是任何一方与其他人深情地聊天都变成了与诚实的责任相对的犯罪，这些无理而又可笑的要求在一个极不平衡的婚姻里却被放大了两倍。在这场婚姻之中一方在某些方面要有自我牺牲的精神。如果丈夫为了与妻子和好而暂时忘却自己的不愉快，积聚起新的力量，无疑他的精神层次又提高了，手臂又成为温暖的港湾。那么妻子就该为此感谢他一番，不要去做一些愚蠢的举动，或者去责骂丈夫把自己气病了，将整个家庭带入无尽的猜疑之中，从而最终导致家庭破裂。

9

人们该怎样来对抗真正的荒淫无度呢？因为直至现在我谈到的还仅仅只是心灵上的迷失，但当自己的另一半脾气暴躁易恼怒发火，一有机会便行为出轨，而后还抱怨自己的妻子脾气不好、愚笨、身体不好、长得不好又老、缺乏吸引力时，他便渐渐腻烦了这种生活。面对这些

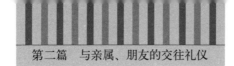

情况，人们该怎么办呢？此书并不是完美的道德体系，因此我会让每个有理智的男人详细地解释这个问题，让他自己去评价，自己去探索，一开始他必须学会如何掌控自己，如何来避免陷入那些看似单纯的某种特定的关系网中，这种种的一切都是值得人们去思考的。

10

在婚姻生活中彼此应该互相信任，开诚布公。但是，如果一方想对另一方保守秘密，那么另一方还要不要刻意进入这领地呢？如果一名女子能够保守她女友的秘密，那么在所有或者类似情况下她的举止行为都是显得聪明正直的。但是不可否认的是，有这么一条规律：如果所有的怀疑都在不知不觉中产生，如果双方都到了不得不开诚布公的地步，那么这场婚姻的所有希望和幸福也都化为泡影了。当丈夫的想法已经非常之无耻，比方说偷偷拆阅他妻子的信件，翻箱倒柜找她的日记或者把她的衣柜翻得乱七八糟，那么这场婚姻最终也只能以破裂收尾，因为没有什么比这些做法更加下流卑鄙了。也有可能他用了这些不尊重人的手段，还是没有达到他的预期目的。如果不诚实的违法行为已经存在了，那么去蒙骗一个人的警惕性是再容易不过了。一名丈夫把自己的妻子称为婚姻的强盗，却放弃自身性格的棱角。如果人们要去欺骗一个自己非常熟悉的人，那是再容易不过的事情了，人们正是通过此事失去了所有的信任感，人们经常会对任何事情都产生怀疑，因为激情蒙蔽了双眼，人们得到的就只能是误解和不信任。欺骗的后果总是那样，人们把最原始的造物主的道德标准确定为自己的做事原则与方向，从而来刺激犯罪的发生。

11

我认为每一个理智的人都会意识到，并不是所有的事情都需要夫妻双方共同完成，而只是某些事情需要如此来做，比如妻子为丈夫的演讲筹划广告，丈夫在客人来时帮助妻子烤制火鸡、做甜点和为小女儿们穿衣服。这种情况在家庭中随时可见。

12

但是一涉及金钱，我就不能赞同大多数男人的做法了。他们总是从自己妻子那里要得一定数目的钱，靠这笔钱来负担家庭的日常开销。这样就产生了不同的行为方式：妻子想要把钱存起来，但是丈夫却很慷慨大方。当他把一个朋友请到家中吃饭时，他妻子脸就拉得老长了；如果丈夫觉得他花了那么多钱，可是在饮食方面却并没有得到满足，或者他平日里在外面已是经常山珍海味，那么为了避免给他的妻子造成尴尬的境况,他就不会再要求增加几道菜。假设，现在你给你的妻子一笔钱(前提是她不是一家之主或者正帮你照看生意)，这笔钱是你根据实际情况而定的。当这笔钱被花完后，她还会跑来向你要。这时，请你要求你的妻子把账单给你看。然后，你们便可以共同商量哪些地方的钱是可以节约下来的。这样，你的财政状况就彻底明了了，你们也可能会决定减少不必要的消遣、请清洁工打扫和一些社交活动的开支。

13

良好的家庭财政状况是幸福婚姻的必要保证之一。单身的人总是会寻找挥霍钱财的途径，但是只要人们一结婚，他们就会想方设法省

钱了。一个单身的人，他可以很容易地忍受贫穷、饥饿、屈辱和鄙视；当世界似乎对他来说是个尽头的时候，他还是有健全的双手，世界向他敞开着，而他可以抛弃一切去一个无人知晓的地方重新开始艰苦的奋斗。如果他已是一个丈夫和父亲，他的家庭财政状况还是赤贫，那么他不得不把眼光放在家里每一个要求他拿出养家费、教育费等的成员上了；如果他经常不知道第二天的早餐面包来自哪里，他的女儿们应该穿什么衣服，那么他的慷慨大方也就破灭了；抑或他的婚姻、家庭的开销和孩子的责任都要完全依靠他的话，那么他就像外面穿了一件端庄的西服，但是内心的压力是巨大的，风光的只是表面，其实他是什么都缺的；如果中午用来宴请客人的从高利贷那边贷来的银质器具也要面临典当的危险时，那么这位老兄就只能躲在屋子里面等过了午餐时间再来欢迎客人的到来了；如果债主和法官逼他很紧的话，那无疑是把他推向破产的边缘；接踵而至的是暴躁的脾气、身体和心灵上的疾病和众多的不幸事件；他自身充满了怀疑，他试图麻痹自己，让自己在荒淫无度中慢慢衰竭死亡；那颗不安的心在里面腐蚀着他，外界则是妻子痛苦的责备；孩子们的哭泣把他从噩梦中惊醒；当他想要奋起的时候，别人蔑视他，连那些并非光明正大发家致富的人也都看不起他，希望的光束又被乌云遮住了；勇气和宽慰又瞬间化为乌有；朋友也离他而去了；敌人的嘲笑和忌妒震撼着他的每一根神经，然后消失在悲伤的境地中。生活逐渐变得贫困并不是如旁观者所看到的那样是来源于某种不幸，夫妻中的一方如果是挥霍成性的，那么就引他回到正途中来吧，因为现在还来得及让他避开这样恐怖的处境，如能这样做是非常好的。如果另一方知道怎样更合理地花钱，那么就让他来掌管财务吧！如果人们想要再次改善家里的财政状况，就要自己做一个很明确的预算，然后严格地执行它、紧缩开支；可能你会担心，并保留那些必要的消遣，但是请考虑一下，有没有可能使紧缩开支变得没那么困难。

14

　　如果丈夫或者妻子本身是个有钱人，情况是不是会好一点呢？如果真有可能是这样的话，我肯定第一个表示赞成。这种方式的优点是，

如果双方有共同的财产，那么他们就能为共同的生活开支做出贡献，同时也不必依靠另外一方的额外支出来维持生活。贫穷的一方自然会对另一方形成依赖，比较富有的那一方就理所当然地该为家庭的支出作更多的承担。但是，如果一名男子与一名富有的女子结婚，那么他就应该尽量避免落入成为她的奴隶的境地。不谨慎会使得这种婚姻鲜有幸福。如果我的妻子带来了很多的嫁妆，那么我会双倍地向她证明，我本身对财物的要求并不高；我不会改变我的个人；我要向她证明，我用我的勤奋照样能够赚来这些钱，我养得起她；对她的财产我只会加以看管，不会擅加利用；我也会拿出一部分钱用于比较奢侈的开销，因为富人们总是如此，但是，同时我也会明确地向她表明，我并不热衷此道；虽然我的餐桌上只有两道菜，但是我会觉得像是摆了20道菜一样。然后我会像一家之主那样，要求得到自由支配她的财产的权利。

15

一对夫妇，是否丈夫必须比妻子聪明呢？这并不是一个简单的问题，现在我们想要就此问题做进一步的探讨。聪明和理智的解释首先要和他们之间的关系联系在一起。丈夫那种聪明完全不同于妻子所要具备的那种聪明，如果把聪明和经历甚至是领悟力混淆的话，那么在一个人的性别上假设谁比谁聪明则是毫无意义的。我要求女子是机智风趣的、乖巧的，带有一点天真的狡黠、谨慎、幽默，拥有忍耐力的，能迁就人的和有责任心的等等，这一大堆都是属于聪明的范围内的！而这一切并不都是专属男子性格之中的品性。与之相反我期待那种在所有突发事件时比他妻子更有前瞻力、更加镇定、更加勇敢、对事物评价不多但受教育程度比妻子更高的丈夫。那么，我们来回答这个普遍意义上的问题吧：如果夫妻双方有一方在感官上有一些薄弱和迟钝，并且在某些生活必要的常识中有点无知，那么该是丈夫属于那弱的一方还是妻子比较迟钝好呢？我要毫不客气地回答：到目前为止，我还没有这个荣幸见过任何一个由妻子来主导大权处理决定性事务的家庭被管理得井井有条。一般来说，在一个家庭中丈夫的能力该用来掌控整个大权，这要比由聪明的妻子最终代替丈夫掌控大权为好。虽然

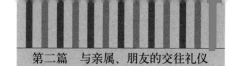

这可能也有例外，但是就我个人而言还没有遇到过。但是可以理解的是，我们这里说的并不是要控制一个高尚的丈夫的心灵；没有一个男人不想娶一个聪明的妻子；每一位丈夫都希望有时也能得到妻子温柔的提醒。这最终的女性对男性的掌控似乎是有悖于自然规律的。女性的身体构造比之男性要柔弱许多；她们从小就被灌输了不能拥有长期的爱好的思想；她们的情绪经常会在最关键的时刻困扰理性；她们所受的教育以及我们的公民宪法都决定了该由丈夫承担起领导家庭的责任。这所有的一切都决定了妻子是该寻求保护的那一方，而丈夫则是有这个责任去保护她。所以没有什么比一个强者向一个弱者寻求保护更为可笑的了。如果女子在挑选丈夫时希望男人比她愚蠢，或者她们已经选择了这类丈夫，那么聪明的女子则要根据自身的优势来处理事务，甚至说要做好心理准备接受一个并不乐观的前景。一个必然的结果便是某一方厌倦了，然后家庭出现了混乱，继而别人会蔑视这对夫妻。这种后果是相对于双方而言的。对于一个心智不成熟的男性，如果他没有能力称职地履行一家之主的职责，那么我建议他还是保持独身为好，并为自己在养老院预先购置个名额，这比他在结了婚之后在孩子、家人和邻居面前丢丑闹笑话要好得多。我认识一个落魄的侯爵，他的夫人是个不可一世的地主婆，当她选择出游的时候，侯爵蹑手蹑脚地跑进宫殿大院，然后站在一边轻声问马车夫："您知道我是否需要一同前往？"这使得这类丈夫很容易成为人们嘲笑的对象，没有人会喜欢和他打交道；他的意志、择友和看待事物的方式都是依赖于他妻子的脾气喜好，或者要征求妻子的同意，并且还会受到妻子的谴责；他的信件首先要呈给他的妻子看；而那些重要的事务他则必须向他的妻子讨要解决的方法。丈夫在礼貌地反对自己的妻子时也应做到不否认自己的尊严。被妻子看不起的丈夫在做决定时一般都会说："我想和我的妻子商量一下。"这样的丈夫一般都不会独立进入社交圈，而是作为妻子的贴身奴仆一样，当他妻子面子上挂不住的时候，他才会出来补充说点什么。

16

人的一生要经历很多的磨难。即便是一个看上去幸运至极的人，他

也默默地承受过某些劫难，一些真实的或者臆想的、别人强加的或者自己制造的麻烦，诸如此类，头疼的程度绝不亚于他人。很少有女性具有承受不幸的能力，在不利的环境中能给予恰当的建议，并且帮助她们的丈夫承受压力。相反，大部分的女人只会无休止地抱怨，抱怨当初未预见的结果，抱怨眼前的现实。她们通常只会做这些令人不开心的谴责。所以，只要有可能，一定不要向你的妻子透露那些无伤大雅的小麻烦，一定要把不快都埋在心里。因为在通常情况下，让你所爱的人和你一起承受不幸并不能减轻你的负担；而如果那一方不能和你一起承担，而是不停地抱怨，那么你的苦难就更深重了。所以，你自己来衡量一下吧，到底谁更应该保持缄默、回避家里的狂风暴雨呢？如果天意让你遭受灾难、贫穷、痛苦和疾病，你不得不走背运、应付那些出现在你周围的讨厌的人，而你又不能将此隐瞒，那么坚强应对吧！鼓足勇气，向你的妻子美化那杯她必须和你一起吞服的苦水。管理好你的情绪，不要让无辜的人因你受累。即使你的心情很沉重，也不要告诉你的妻子，因为当她得知一切，只会成天以泪洗面或者求神祈祷。让你自己在哲学的光辉、无尽的希望中重新振作吧，微笑着面对一切、继而成为拯救弱者的人吧！世界上没有一直存在的不幸，也没有让人一刻都不能透气的痛苦。一丝英雄主义能让你找到与你并肩作战的朋友；坚忍不拔的意志能让你重拾信心、振奋精神。这些都是我的经验。

17

在前面的叙述中我们已经达成了一致，认为思想方式和脾气性格的同一对于促成幸福的婚姻并不是必要的，但是，如果妻子对于丈夫认为重要和有兴趣的事情不以为然的话，那么这就相当令人遗憾了。如果一个人在寻求欢娱、激情、希望、协作以及一切令他身心愉快的事情时必须得倚赖外人，那么这也是令人十分伤感的。最令人失望的是，当热情遭遇冷漠、当温暖的语言遭遇讥讽、当想象的翅膀被人无情的折断、当美丽的植物遭人践踏，我们该如何面对这些情况呢？因人而异地应对是首要的原则：如果对方并没有改善的希望，那么就不要对她作无谓的劝说；如果她不理解你，那么你就保持沉默。如此，我们

就可以避免由于妻子的愚笨而使自己难堪，甚至于被公然地批评。这样，丈夫就不会觉得自己非常的不幸了。

18

如果命运或我们自身的愚蠢让我们一生与一个品德有残缺甚至有恶习的人生活在一起，而这个人也不懂得欣赏高尚的人所具有的爱与尊重；如果我们的伴侣经常闷闷不乐、善妒记仇，还不理智，她的这些品性使得我们的生活痛苦无比；抑或她们终日生活在荒淫无度中，而她们自己却也瞧不起那种狡猾的性格和糜烂的生活。生活在这样的境况下我们该怎么办呢？我想，我在这里提及以下这些是大有必要的：一个诚实的丈夫，在他年轻时爱情跟他开了个玩笑，让他陷入爱情之中不能自拔，从而不能发现他所爱的人的真实面目。于是，他便和她结了婚，然后慢慢地陷入了上述那些错综复杂的情况之中。我也不想对以下这种情况缄口不语：妻子与生俱来的品行不端所造成的后果，却经常要由不够谨慎的丈夫来负责。如果要给每一种不幸的境况给出应对的原则，那么我要说的就太过累赘了，所以我在这里给出几条总的建议：人们在这些情况下必须遵循三条"顾及"的原则，那就是，首先顾及促使我们安定的因素，其次顾及孩子和家庭成员，最终顾及大众。在涉及我们自身时，我建议，当没有任何转好的希望时不要抱怨、责备或者争吵不休，要冷静理智地处理这件事情，这才是搞好婚姻关系之道。尽量要成熟地处理事情，而不要听从自己的主观感受。当如此还没有任何好转的迹象时，那就要好好考虑一下有没有分开的必要性了，或者考虑一下该怎样再重新开始。在处理问题时，我们也不应受别人的影响、不要太过贬低自己，否则我们会慢慢地受到别人不公正的待遇。即使妻子越权，我们也要坚持行使自己的责任和权利；要平复好自己的心态，要用一颗平静的心来承受一切困难与压力。要把孩子、家庭成员和公众考虑在内，避免一切引人注目的事情。尽可能不要让你的不幸成为人尽皆知的事情！如果家庭生活中笼罩着不和谐的气氛，那么孩子也不可能教育得好。最好不要去刻意隐藏这些不和谐；另外，最好把孩子托付给别人照顾。如果男女主人关系不和谐，那么仆人也很难保持对主人的忠诚，他们会分出派系，

从而争执不休；因此，你必须避免在仆人面前和你的妻子不和。如果夫妻双方不和谐，那么即使对此没有责任的那一方也会和有责任的一方一样，失去旁人的尊敬；所以，千万不要把家中的不幸告诉陌生人。

19

然而，夫妻双方的好友、岳母、婆婆，还有侄子、大姑之类的亲戚却非常乐于掺和到你的家庭琐事中来。千万不要容忍任何人在没有得到你的允许的情况下，来干涉你的家庭事务！你必须断然拒绝这些干涉的企图！正直的人是顶得住任何流言蜚语的，而带有恶意的旁人决然不会促成你的家庭和平。祈祷吧，乞求上天能让你不必忍受你岳母的摆布：她知道所有的事情，也会去做一切事情；即使她愚蠢得如牲口，却仍旧意图指挥一切；她的生活重心便是挑起事端，然后开始议论别人，或是与女厨师和女管家联合起来，出于神圣的爱来研究对待你的态度。如果你很不幸，有这样的一个欲剥夺你管理家庭的权利的岳母，那么赶紧抓住机会，按照她的理想模式顺从地服侍她；这样，她以后便不会来找你的麻烦了。当然，也有一些非常善良的岳母，她们将女婿如同自己的孩子一样珍视，她们会给出嫁的女儿真诚的忠告。人们将由衷地感谢她们对女儿的教导有方。

一切家庭纠纷除了夫妻双方之外，不应让任何别的人知晓。受伤害的一方聘请的陌生调解人和保护人只会使不满加剧。

20

没有什么比不忠更伤害夫妻间的感情了。我们的道德操守、宗教和政治的原则都认为，夫妻间任何一方逾越了婚姻的义务都将被视为不正当的行为。然而考虑到后果，妻子的不忠自然更受谴责。当私生子比婚生子女在继承遗产更具优势时，家庭成员之间的正常关系链就会被打破，财产的神圣继承权就会被打乱，并且也违反了自然的规律——反过来则不然。夫妻其中一方对另一方不忠诚，并且在处理事情时没有考虑到后果及以后对此可能的解释，而另一方则想要通过责

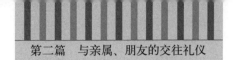
备或是发怒来遏制那一方不忠的行为，我认为，这种做法也是不可取的。想再重新获得他的心，正如人们所知的那样，只能通过温柔和充满爱意的方式，也只有这样才能抓住他的心；如果不这样做，只能引起对方的反感；如果他要求的仅仅是对方的身体，那么他就是最猥琐的一类人。平民百姓的夫妻可以找寻到千种方式来互相欺骗，对于他们这些非贵族而言，这样的欺骗并不会给他们带来多大损失。这样说来，如果不忠并没有伤害到妻子的温柔和丈夫的名望，那么根据法国人的观点，如果人们对不忠之事知之甚微，那么它所带来的危害也很小；如果人们对不忠之事一无所知，那么它就不会带来任何危害。更为令人恼火、也是最令忠诚的丈夫产生动摇的方式是，妻子总是怀疑他的忠诚，并且责备他，侮辱双方之间的信任。如果你的此种不幸以及它给你带来的伤害已经无法藏匿，那么你就应该毫不犹豫地通过法律途径或者双方调解而离开她，除此之外别无他法，即使妻子的不忠给你带来的污点并不能因为离婚而被洗刷。在这样的情况下离婚是可以理解的，如若不是，离婚则需要慎重考虑。两个已在一起共度数年的人不可能轻易地迈出这一步，而不伤害到双方的颜面。而有孩子的夫妻，他们的分离会给孩子的教育和幸福埋下隐患。所以，只要有一丝的希望，他们就应该忍耐、相互容忍，尽量避免在人前暴露出任何的不满。

21

　　所有这些我在这里提到的原则也许只特别适用于中层阶级的人。那些非常高贵和非常富有的人对于家庭的幸福很少有关切之情，对此也没有太大的精神需求，大部分情况下与他们的伴侣处之漠然；所以，他们并不需要这些高尚的教养所制定的原则。因为他们习惯有自己的道德体系，所以在这一章节中恐怕很难找到一些对他们适用的内容。

第四章

情侣相处之道

1

　　理智地说，最好不要和陷入爱情的人打交道，因为他们就像酗酒的人对酒精上瘾了一样，除了他的爱人，整个世界对他已经失去了意义。要对付这些跌进蜜罐的傻蛋也很容易，只要人们有足够的耐心倾听他对她温柔无比的描述。千万不要打哈欠，即使你已经相当地厌烦，也要适时适地地表示一下你对他恋情的关切；千万不能厌恶他对她所犯的傻。如果对方要求你能为他保密，那么即使他的恋情已经成为全城皆知的秘密（大多数情况下都是如此），你也应该装作对他的爱人一无所知、充耳不闻。

　　对于这种情况我已经没什么要多说的了，只是还有一些小建议。如果你所交往的是一个通情达理、有勇有谋的男友，他总是能够帮你出谋划策、勤奋不绝地为你服务，那么他并不是你的爱人！如果你的情人有一颗敏感的心、能和你心灵交汇，偶尔会向你抱怨哭诉；他（她）会不计后果地借钱给你，帮你购置些东西；会布施路边可怜的女孩，懂得安慰受到羞辱的父亲；或者偶尔还会和你小打小闹、捉弄你一下，还懂得欣赏你们的诗歌和小夜曲；如果你的他（她）是这样的，那么他（她）必定是你的爱人！

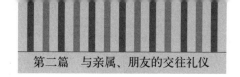
2

如果想给恋爱中的人制定一些规则，这恐怕会是徒劳的举动，因为恋爱中的人少有理智，所以千万不要指望这个时候他们能像正常人那样服从规则。但是我还是想对他们说一些话，如果人们希望恋爱中的人也能稍许具有些理智的话。

3

初恋会对人的性格和本质产生莫大的影响。一个没有经历过恋爱的人，永远不会懂得与恋人相处时心中的那份喜悦；不能平静自己的心来体验爱情的人是不能体会到这种感觉的。对于爱情我曾有过阐述，因为一时之间我实在想不到更好的语句来解释它，所以在此我就引用一些我以前的论述：

第一次恋爱甚至是一件很有意思的事情。对于那些曾经在多个女人面前唉声叹气乞求过爱情的人而言，想要再次提起恋爱的兴趣、寻求一个合适的时机把他的感觉抒发出来并不是一件难事。女性通常也知道在面对这样的事时，她们该如何应对；她不会马上相信男子对她的倾心，她认为男人应该扮演小说里的角色，即便男子很想结婚，她还是需要一定的时间考虑才能相信这份爱情。于是便产生了一个请求，那就是保护她。于是，陷入爱情的男子就更急于获得这位天使的爱，想和她一起享受幸福生活；可是美人自然会回绝所有的这一切，表示自己会相信他的正直与诚实，让男子心存目标，每天为了她而不懈努力，这样她的这场美丽的罗曼史便不会瞬间终结。如果不能用其他的形式来获得更多的时间，那么这场爱情游戏中一定会发生一些小插曲，它们会阻止爱情游戏一帆风顺地发展，来为美丽幽会提供更多的时间保证。这些小花招对于已习惯它们的人来说根本就是司空见惯。在他们独处时，便会计算着这场爱情游戏该如何继续，预算着明天或是后天他们该如何推进这场"甜蜜战争"，并在此过程中饱受相思之苦。

那些没有恋爱经历的人在初恋时的情形自然与上述情况完全不同。他们第一次被爱情的火焰点燃，渴望表达心中甜蜜的感受，可总是苦于

没有勇气来说出心中早已想说的话，而他们的眼神和举动早已非常清楚地表达了自己爱慕之情了。年轻人温柔地注视自己的爱人，于是她脸红了；如果他和另一个女孩交谈甚欢，她的眼神便会透露出不安；当他的眼神瞥到她与另外一名男子耳语，他也会生气；外人一般都能马上感觉到他们眼神里的谴责，于是会意地赔礼，突然甚至是有些不礼貌地打断眼下的谈话，因为这次谈话已经挑起了情侣间的猜疑；而她看到此情景，就会释怀地微笑，心情立刻随之好了起来；情侣们会用眼神来约定明日的约会，并警告那些觊觎的人，宣告他们对自己的爱人的"专有权"。虽然到这时为止，他们还没有用只言片语来表达过自己的感情。情侣们都在努力假装不经意的见面，这样的机会很多，可是他们却会任由这样的机会伴随着一些无谓的举动流逝，他们没有勇气，不会明说，并且在心中猜疑对方的感觉；即使有关他们的流言蜚语已经传得满城风雨，他们也还是不会立刻向对方表白。当那早已深埋心中的爱语由他那颤抖的嘴唇断断续续地被说出，并得到了情侣的回应后，他就再也不关心她之外的世界了，眼睛、耳朵得到的全是她的信息；只要能博得情侣一笑，就是成为别人眼里的傻瓜便又如何呢？爱情使他忘却了世上还有痛苦、疾患、压力与不幸，在他眼里任何障碍都不难逾越，并且蔑视那些只贪图自身生活安逸的人而极力促进众人的和谐。如果你们也曾度过这样美好的时光，说说吧！还有什么能比这场美梦更美呢？还有哪种人生的欢愉能比爱情更纯真、更无邪、更使人精神振奋呢？唉！只可惜爱情的魔力往往不能长久，于是总有人带着满怀的惆怅从爱情的美梦中惊醒。

4

妒忌对于婚姻生活而言是一剂毒药，它会摧毁家中的和平和宁静，给家庭带来争端和苦果。然而对于爱情，妒忌却是一剂催化剂，它会给爱情带来活力；因为没有什么比情人间争吵后的妥协更令人心醉的了，而这一幕情景能使情人间的爱情更牢固。不过有一种嫉妒是令人害怕的，那就是一个非常爱你而你不爱或者是已经不再爱的女人的嫉妒；因为你的鄙弃，她发誓要对你进行报复，不管她是出于一时的兴致、妒忌、好奇还是固执。如果她带着满腔的怒火跟随你，特别是在她不惧怕你的情况下，你绝对不要维护她，不要对她顺从迁就，对于你们之前的关系也不要缄口不语。这样也许会对你的情况有利。

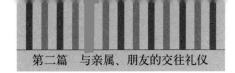

憎恶妇女的人大声说：在爱情里，女人绝对不会像我们男人这样真心顺从；妒忌、好奇、猎奇心理等是让她们屈从我们的原因；当我们在某时某地满足了女人的热情之后，便不应再期望女人对我们忠诚。可是也有另外人说：女人是坚贞的动物；一个恋爱的女人，她的心是真挚且充满热情的。他们对于女性的评价是她们具有无比高尚的感情、更丰富的感性和吸引力。他们说，当一个妻子让她的丈夫认为她冷漠，其实那只是一种表象。他们认为这是世界上最纯洁、最圣洁、不带一丝苛求的爱情，而这种圣洁的光芒只可能存在于女性身上。两方的观点针锋相对，谁说得对呢？能够来做评判的只能是对女性心理有长期研究的人，尽管有着多年和女士交往的经验，并且在此过程中我也并不仅仅只是一个沉默寡言的观察者，我还是得说，能做这个判断的人必定要懂得女人心，且有一定的年龄和相当的阅历；他必须能对女性做出冷静、不带任何偏见、尖锐且理性的评价。我不敢做这件事，即使这里涉及的是两个不同的问题：其一，女性的爱始于哪般？其二，真心付出感情的女性的爱情呈现怎样的特性？但是我敢于在此不偏袒男女任何一方地说一句话：我们男人对于爱情的忠诚和完全投入恐怕难以超越女性。女人出于对男人爱的忠诚而藐视一切流言蜚语、克服重重的压力，欲与自己的爱人在一起，这样的例子在历史的各个时期比比皆是。我很难设想这世界上还有比拥有如此深切、如此忠诚的爱情更为幸福的事了。善变又是人类的共性；不管是真实的还是意想的移情别恋都会排斥哪怕是最热烈的情感；然而我又要说的是，男人比女人更易越轨，只是这种情况往往不会那么张扬，从而也不会造成太大的舆论；我们这一辈子实在是很难做到只爱一个人，如果我们出轨的原因是基于此的话，那就不难给出不忠的缘由了。

6

真实的爱情在静静的体会中绽放，它不在于爱意的表达，甚至不会表现出它的愉悦。恋爱中最幸福的时刻便是双方不需要一句言语，而互相了解每一个表情、每一道目光的含义。恋爱时最大的快乐是双方在不听任理智时互相赠予的爱意。这种微妙的感觉所不能承受的是，一旦人们小心翼翼地告白，却发现表露之后的感情失去了它的价值，这份感情也就不能再被给予或接受了。人们通常会不露声色地去做别人希望他们做的事，可是如果这种要求被道破了，那么就是刻意了。

7

在理智听凭感性的年龄，太快地做出婚姻的承诺会造成一生的痛苦。沉醉在爱情里的年轻人很容易忘记婚姻是他们人生中至关重要的一步；与其他的结合相比，男女的婚姻是世界上最困难、最危险，同时也是以后最不可划清界限的结合。一旦结婚，男人将永远和那个在热恋时被他视为天使的女人生活在一起，可是之后，重拾理智的他会发现是他自己把天堂变成了地狱。男人不记得，婚姻会带来成倍的需求、担忧和责任，也正因此，他需要为他深爱的女人去和艰难困苦做斗争，从而承受命运的双重打击。如果他在婚礼上被祝福时幡然醒悟，那么他一定会收回他的承诺；但是这样一来，他又会良心不安。那么，建议和警告在此时有什么用呢？不管怎样，我还是请大家关注我在下一章第 14 节和第 15 节论述的内容。

第五章

与妇女相处之道

1

我想在本章节开篇之时就诚恳地解释一下——虽然按情理来说是不需要进行这样的解释的，因为我敢说，明理的人都会明白，我所写的并不是给人以机会来误解我是一个污蔑女性的人；然而我担心有一些理解能力比较弱的人，所以我在这里需要补充说明的是，我在这一章中点明的女性的性格缺点是普遍意义上的，无意针对某个高贵的女士或女孩；并且我的论述也是从广义的范围上来进行的，并无特意仅为那些品行高贵的女士而设。

如果我对她们的缺点视而不见，只一味地为某些人歌功颂德，那么我所做的便是谄媚，我并不是这样的人，我也不喜欢这样做。然而有非常多的作家在谈及妇女问题时，似乎仅仅是以揭发她们的弱点为己任，这也并不是我写作的意图。每当我欲论述如何与人交往时，我都会仔细斟酌对方的弱点，因为对方被这些弱点所控制，不能很好地与人交往。不同性别、不同地位、不同年龄、不同性格的人都有自己的缺点。我写作的目的在于，在我的认知范围内，从另一个方面来论述，既不否认使男女、老幼、贫富、愚智的人之间顺利交往的因素，也不对任何一类人进行随意的赞扬和无端的指责。这就是本章的前言。

2

年轻男子须知，世界上没有一件事比与品德端庄的女性交往更需要技巧了。她们的性格是温柔的，粗线条的品格也会被她们温和细致的品行所感化。简而言之，一个没有与高贵女性打过交道的人，他的生活就会缺少快意的享受，并且他在社交生活中也不会十分如意。我本身也不愿意与不尊重女性的人交朋友。我曾经与一些可爱的女性朋友度过了十分美好的时光，正是与她们的交往使我没有对生活丧失希望，没有因为对命运的失望、遭受磨难、缺乏勇气和遭遇敌意后失去了一个人应具有的善念、爱情和耐心。我十分感激与她们的交往给予我性格的温和的影响。

3

女性具有一种独特的意识，能分辨出哪些男人能与她们交心、能懂得她们、和她们投契。如果人们责怪女性只注重人的外表，那么就大错特错了，在日常生活中我们常常能看到正好与此相反的事实。我就认识一些长相优越的年轻人，他们却不是那样受女性欢迎；相反，一些其貌不扬的人却能激起女性的喜爱和关切，并且她们也不是总以幽默和机智取人，她们也并不总爱听人的赞美和崇拜。与女性交往的方式只能向她们学习，如若不然，即使你具有再好的内在与外在条件，也不可能得到她们的认同。有一些男人天生能博得女人的喜爱，可是他们却滥用这种魅力；人们允许他们和自己成年的女儿交往、允许他们任何时间的与女性见面的请求、允许他们任何形式的玩笑，可是事后人们往往会对自己的大意许可追悔莫及。不过我在这里提及的魅力滥用并不包括与女士交往时得体技巧的运用：带一丝类似于女性温柔的浪漫色彩，当然绝不能让她们觉得你没有男性气概；要乐意为她们效劳，但是不能太过张扬，以至于引起别人的注意，同时也不能太过隐蔽，令她们察觉不到；对她们倾注一些关注，但不要激起她们的感激，同时给予你自己保留一定要求的权利，并且这种要求是合理且能被人接受的；要懂得运用眼神，但不是抛媚眼，你的这种眼神应该能被她们悸动的心所了解，而不必将它们化成言语；不要对某些心理的感觉进行直接的表白；和女性交往需自

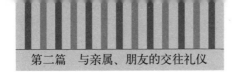

然、诚信，绝对不能粗俗无礼。偶尔表现出一点忧郁，但不要冷落他人；偶尔也要有点浪漫的热情，但不要冒险和过于甜蜜；谦逊而不谦卑；无惧、无畏、充满活力，但不鲁莽行事；身体健康、天资聪颖、精明能干，我想，这些应该就是我们该具备的、可吸引女性的魅力了。

4

女人们坚信，男人有保护女人的天性，或者说男人有能力来实施这种保护；即便是能力很强、具有足够决断力能自我保护的女人也不例外。所以，柔弱的女人不喜欢软弱的男人。女人容易同情弱小，比如伤者、患者等等；可是如果与生俱来的软弱妨碍到男人散发应有的魄力的话，那么即使是再有德行的女子也会对他不屑一顾。

5

人们总是责怪女性，说她们只对行事放纵的人感兴趣。如果这是真的话，那我就不能找到一些有悖于这一论调的事实了。如果说她们在知晓自己的弱点后显得比我们更为宽容，那么这就使得她们更为尊贵。我们男人也经常只是出于对那些幸运同性的嫉妒而责骂他们，可是当我们看到书本和戏剧中出现的那些自由奔放的角色时，又忍不住会寻得一丝暗暗的满足。

以上所有现象的原因大约是在于一种黑暗的感情，它告诉我们，此种离经叛道需要一定的行为力量，而这种力量又总能引起人的兴趣。另外人们还发现，大部分的女性对待英俊的男性和长相丑陋的女性比较宽容。

6

我还要指明一点，就是女性对于男性着装是否干净整洁、是否精心搭配非常在意；她们不喜欢男性穿奇装异服，可是却会很轻易地就发现你西服上的小瑕疵。

7

如果你只是想获得多位女性中其中一位的好感，那么千万不要在同一时间、同一地点、以同一种方式去取悦这几位女性；虽然，有时在我们的努力之下，她们的确会原谅我们小小的不忠；可是当我们在向她们倾吐心事时，我们必须得明白，我们所有的感情只能为她一个人而发。一旦她发现，你对所有人都是如此甜言蜜语，那么她对你的好感便完结了；女人们坚信，她是你的唯一，你对待她的方式也必须是唯一的。

8

两个拥有相等条件的女人，比如她们都十分漂亮、才学旗鼓相当，或是别的条件也是对等，那么她们的关系在社交生活中是不可能非常和谐的，但是在一般情况下，她们出于经验还是能做到与对方和平相处的；然而此时若有第三方的加入，那么好戏就会开场了。

因此，你要坚决避免当着一个女人的面过度夸奖与她不相上下的另一个女人，特别在她们是某一方面的竞争对手时。世界上所有的人都希望自己的价值能引人注目；特别是女性，她们希望众人关注的焦

点只是自己，无论是美貌、气质、品位、才学或是别的任何方面。因此在和她说话时，也坚决不要提及她和她的孩子或是和别人有相似之处。女人有时会突发奇想；人们永远不知道，她们想在人前如何表现自己，想让别人如何来认知她们。有时她们刻意装得天真、单纯、无辜；而有时她们又是优雅、妩媚、尊贵的化身。有时，她们想听人们对她说：您的脸上写满温柔；而有时，她们又想表现得像男人那样聪明果敢、睿智稳重。有时，她们不想引起任何人的注意；而有时，她们又想用自己的目光把众人融化。有时，她们想以健康活力示人；而有时，她们又会表现得柔弱无力。这些就是女人们无伤大雅的小缺陷，男性在与女性相处时应有所借鉴。

9

大部分女性都期望不断地被取悦；一个令人心情舒畅的聊天伙伴对于她们而言远远胜于一个庄重坚毅的男人，因为他只会谈论真理，并且宁可缄口不语也不愿意说一些无意义的空话。对女性而言，没有什么比对她自己的赞美更悦耳动听的了，只要这份赞美不是文不对题。可是某些人就是不能明白这一点，比如他们会以美貌来赞美一名老妇，把母亲说成是家中的女儿，本以为是夸她年轻，可是效果却适得其反。对于这样的赞美，她们只会侧目相向。女士对于自己的年龄是非常敏感的，我们最好不要去触及这个问题。取悦女性最完美的技巧便在于适时地给予她们表现自己的机会。只要能做到这一点，就不再需要为如何能获取她们的好感这个问题而发愁了。其实，世界上又有哪个人不吃这一套？只是这些对女性尤为受用而已，原因在于女性一直被普遍认为爱慕虚荣，而人们对待男性则比较宽容。

10

好奇是女人性格中永远不可剔除的一部分。我们必须懂得在与她们相处之时，如何适时适地地去引发、影响和满足她们的好奇心。特别重要的一点是，要弄清楚她们的好奇心到底有多强。即便是再富有同

情心的女人偶尔也会抑制不住内心的欲望，可怕的场景、犯人的处决、手术的实施、伤口的包扎、恐怖的谋杀，这些都是她们想一窥究竟的秘密——而这些，有时连男人们都不忍心视之。这也就是为什么她们对那些讲述冒险经历的小说和戏剧心仪不已的重要原因。这也就是为什么她们中的一些人热衷于探听别人的秘密、窥伺邻居行为的原因，现在我们明白了，这一切并不总是恶毒嫉妒、幸灾乐祸之心在作祟。

柴斯特菲尔德说过："如果你想讨好一个女人，那么你就告诉她一个关于你自己的秘密吧。"当然只是一个小秘密。为什么呢？是因为有些女人不能像她们的丈夫那样保守秘密吗？那就要看这是一个怎样的秘密了。

11

即便是最高贵的女性也会比我们男性拥有更为复杂多变的性格，她们的情绪变化也更为明显，原因在于她们脆弱的神经系统、娇弱的身体构造和一些不为我们所知的生理感受。

所以我的朋友，当你发现你深爱的那个女人对你的爱和关切程度每天都不尽相同时，千万不要感到惊讶！忍受这片刻的扫兴吧，并且千万不要在这时火上浇油，或者是在不当的时机说些笑话表达安慰；你得仔细思量一下她在这种心境下想听些什么话，然后等待她自己平复心情，意识到你的宽容、纠正自己的无理取闹。

12

女人们喜欢开小玩笑，总喜欢捉弄她心爱的人，让他偶尔不得安宁。她们之所以会这么做的原因也在于她们的情绪，而不是她们的坏脾气所致。

如果对方对她们的行为持冷静、耐心、不狂躁的态度，并且不让这种小玩笑升级为真正的争吵，那么不一会儿她就会自动解除之前的小魔咒，而且对我们的冷静报之以双倍的喜爱。至此，你也就有权利得到她们更多的偏爱了。

13

在和女人小打小闹时，一定要让她们获得眼下的胜利，千万不要让她们感到难堪，因为那是她们的虚荣心所不能原谅的。

14

有人曾说，庸妇的报复是非常可怕、持久且不可调和的。在此，我就没有必要再重复这种论断了。人们很难想象，这位"复仇女神"在认为自己遭到一名男子的侮辱之后，会使出何种手段来报复、陷害这名正直的男士。而她的愤恨又是没有办法解除的，于是，她会求助于最卑劣的手段。我也曾有过类似不幸的经历。那是在我年少时，由于欠缺考虑，我伤害了一位女士的自尊和骄傲；虽然事情的起因是在这之前这位女士先伤害了我。可是正因为这不慎的行为，导致我之后每次需要寻求保护和幸运时，都会遇到几乎不可逾越的障碍，并且周围始终有人在散布有关我的谣言，为的是破坏我提升家庭幸福的每一次努力、每一个计划。即使我行事再谨慎、再无可挑剔，也不能向周围的人澄清我的无辜。这个女人没有停止她的复仇计划，直至最后我自愿地放弃别人的帮助，并终日待在家中，闭门不出为止。这就是一个曾凭着上天对她并不是很眷顾的体格和智慧，却使得很多人生活幸福的女性对我的所作所为。

弱者的报复总是比强者的更为激烈，这似乎也是天性使然；正因为他们有感于自己的弱势，从而加重了他们所承受的压力，并且也更渴望能有朝一日运用权力压倒他人。

15

一名哲学教授曾在他的学术论文中探讨过一个问题，那就是"人们是否有能力控制自己不爱上别人？"这使得我不由得产生了怀疑，怀疑自己在谈论"人们在与可爱的女士交往时，如何不丧失自身的自由"这一问题时，是否还能有新的发现可以拿来论述。爱情虽然是甜蜜的灾难，在它来之时我们往往还没有做好准备，可是我们又总是在为时已晚的情况下责难自己；因为爱情总是以原有的和平安宁被破坏和无尽的痛苦作为代价；因为没有希望的爱情可能是世界上最痛苦的折磨之一，外界的条件不经意间也会成为高尚的爱情无法逾越的障碍；所以，对于那些特别是天生感情丰富、对爱情充满无尽幻想的人来说，具有一定的理智能使自己免于受感情控制从而陷入无力的状况，是十分必要的。被爱但又不能回馈别人的爱，这是尴尬的；爱上别人，同时又为此感到羞耻，这是无奈的；对别人无私的付出和忠诚的温柔报以欺骗和不忠，这是可耻的。如果有谁能解除以上这些困惑，那么他就已经找到了智慧之石。在这一方面，我必须得承认我的弱点：除了逃避，我不知道还有别的什么解决方法。

16

我们男人之中也有坏人，对他们而言，正直、美德以及周围人的安宁是不足道的，以至于他们虽然没有使用狡猾的伎俩诱骗涉世未深的少女真正做出不道德的行为，但是为了获得眼下好的生活状况，他们却也会欺骗地许下结婚誓言；可是后来他又离开了那个女人，去缔结别的结婚誓约；而那可怜的女人却因为他之前的允诺拒绝了别人，放弃了别的机会。每一个还有点良知的人都会认识到这种行为的卑劣；对于那些丧失了羞耻感的人，我也不想多费唇舌。但是，对于另一种对待正派女性的方式——虽然从后果来看，它不是那么具有危害性；从意图看，它也不是那么该受到惩罚——我还是要说一些警告的话。很多男人都认为，如果不对年轻女孩甜言蜜语、不极尽恭维之能事，那么她们对于此种交往便毫无兴趣。这样的做法不仅助长了她们已有的虚荣心，并且正因为这种虚荣和对自身魅力的盲目信任，致使她们把男人的每一句甜言蜜语当成是他们内心真实的感受，于是女人们很轻易地就把这些当成是求婚的誓言。可是，男人们却没有意识到这一点；即使他意识到了，也不会认真地去思量；他从来不曾认为自己许下了什么誓言，他认为，如果这时他停止了对这个女孩的恭维，她同样也会感到十分不幸，就好像他有意欺骗她一样。这个被抛弃的可怜女孩变得一蹶不振，被骗的感觉和落空的希望侵蚀着她的心，而那个曾经对她嘘寒问暖的男人此时却已陪伴在别的女人身边，对她的不幸却一无所知。

　　另一种能毁掉女人一生的常见方式是，男人们用轻率的言语和奢华的幽默挑起女孩的好奇与感性，或者通过浪漫的唤醒激发她的幻想，并把她的注意力从她该做的事情上引开，抹杀她们单纯居家生活的概念，或者通过对城市生活的虚构引发乡村姑娘对她们现有生活的不满。我在这里写这些并不仅仅为了教育大家怎样去和别人交往，更是要让大家认识到这种交往的有利性；因此，我要警告上述的那些人！年轻人，请相信我！如果你接受我的建议，并由此成为一个有责任心的正派人，女孩的父母就会放心地把他们唯一的女儿托付给你做妻子。

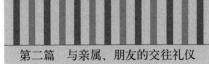

　　我在这里也想讲一下我们该怎样与低俗的女子打交道，可是，这有可能会使我将话题扯得太远，并且得不偿失。她们所设的圈套人们唯恐避之不及。我希望，人们能像躲避鼠疫那样躲避这些女子。如果人们不慎陷入了她们的花招，那么恐怕人们就很难静心思考，总是被她们所牵制，也就不会来读我写的书了。我在此还想再说几句。这样的女人诡计多端、难以识别，她们可以把自己伪装得很好，撒谎时不知廉耻，隐藏自己真实的想法，为的就是来满足自己的贪念、虚荣、复仇之心或是任何一种欲望。难以探究的是，这样的女人是否真的因为你本人而跟随你？即使你对她进行了多方面的考察，并且发现她并不是一个自私自利的人，这也很难说明什么问题。也许她不想拿你的银子，其实那只是因为她想的是你的金子；或者她的目的不在你的钱而是你的财产。每当她有机会和诱因欺骗你时，你却总是能从你对她的试验中发现她的忠诚。她总是会有意无意地显示对你名声的担忧；她不会让你背弃你已有的婚姻；她向你奉献了自己的青春、美貌、财富、荣耀和虚荣。要知道人是一个多重性格的混合体。因此，这样的女子在别的方面也可能会拥有可爱的性格，但是不要相信她们，千万不能！一个视女子最基本和最高尚的品德、女性的贞洁和德行为无物的女人，又怎么会对义务有敬畏之心呢？当然我也并不是说，所有受诱惑的人所遇到的都是令人不齿的风骚女子。真正的爱情会使迷途的心回归正道；人们总是说，能认清危险的人比从未

受过诱惑的人更能抵御诱惑；但是，想让人们摆脱这种因不能自控而陷入的困惑恐怕是一件长期的并且是难以完成的任务，没有什么比看到我们所关心的亲人和朋友被别人唾弃、我们也要因为和他们的关系而感到羞耻更加令人丧气、更加令人不安的事了。另外，真正的爱情是一剂克制越轨的良药，和品德高尚的女人交往能使年轻人更加明确美德的含义，并且也能武装他们易困惑的心抵御那些低俗女子精心设置的圈套。但是，情况却一直很严峻：我们男人总是允许自己做出这样那样的越轨行为，却不愿意去原谅那些因为我们而成为替罪羊的女性所做的不当行为，虽然这一严格的民法规定对于女性这种弱势群体是非常有益的。

但是，是否真如人们在群体生活中经常听到的那样，每一个女人都经不起引诱？正如每一个法官都是可以被贿赂，而每一个凡夫俗子在内因作祟和外因诱惑的情况下，都会做出违法的事情那样。但是如何来理解男人与女人同等为人呢？在此，人们得考虑一下，刺激、诱惑、恭维、虚荣、好奇和情绪是如何对更为敏感的女性造成如此大的影响的；而她们由此所犯的哪怕是最小的失误又如何会那么引人注目；那是因为女性并没有被视做社交生活的一分子，她们所犯的错误也不能够通过别的美德使人忘记。那么，还有谁能对此容忍而保持沉默呢？让我们转向那一类高尚女性——受过教育的女性吧！

18

我必须得承认，如果人们在大庭广众之下让我坐在一个对男人的外貌或是才学有十分高要求的女人身边，我会浑身不自在的。请女士们设想一下，那些能简单地遵从自然的规则、忠实地完成她们的工作的女性，比之其他同性更能引起男人的兴趣。和男人们比拼那些她们并不擅长的专业知识，对她们又有什么好处呢？要知道在这方面，她们连基本概念都不懂，而男人们从小就已经开始学习了。有一些女性，她们除了拥有所有家庭和社会要求的美德、完备的人格和女性独有的柔美之外，还具备了深邃的知识、少有的天赋、丰富的学识、敏锐的哲学判断和优雅的谈吐，她们甚至使得学者都汗颜。在生活中我们的确能找到这样的人，而且这样的女性并不在少数；难道我们不该遏制女性

的平庸、不该为了他人和她们自己的福祉促使她们拥有更高的才能吗？

　　我不会去责备一个女士想通过自己所读的文章来丰富自己书面和口头表达的努力，也不会去责备她想拥有科学知识的渴望，但是她绝不能生搬硬套文学作品，也不应该意图涉猎科学的任何一个领域。当人们听到，这可怜的女人试图对几个世纪以来多少大家付出努力研究的重要事情发表评论的时候，他们会对她抱以同情而非厌恶，要知道就连大家们对这些问题的态度也是十分的谦逊；当人们听到，一个虚荣的女人在饭桌上用坚决的语气谈论一些她们其实毫无所知的事时，人们也会叹息。但是一些不怀好意的人却会鼓掌表示对这位女性的学识的惊叹，从而令她误入歧途。于是对她而言，家中的大事、孩子的教育和对没有受过教育的人的尊重变得无足轻重，她确信自己该摆脱男人的控制，不再尊重别的女性，给自己和她的丈夫树敌，并且会不停地做不切实际的梦想；她们的幻想伴随着不健全的理智。家里的一切都乱了套：残羹冷炙都跑上了桌面；家中的负债额与日俱增；可怜的丈夫必须得穿着破袜子；当他感慨缺乏家庭幸福时，他的受过教育的妻子就会用她听说的新闻来娱乐他，或者手持登载着她所写的空洞诗歌的诗集跑到他的面前，并且不无讥讽地批评，他的长吁短叹是多么的毫无意义。

　　我希望，大家不会觉得我描绘的这些画面非常夸张。目前，德国有 40~50 个被算作作家的女性，她们出版了大量积极的作品，可是她们中也许只有不满 10 个人是真正具有艺术天赋并对科学领域有所涉猎的人，她们是值得人尊敬的高贵女性，她们在写作同时也不忘自己其他的义务，她们也为姐妹们的一知半解感到可笑，我在这里所讲的并不是她们，我想她们肯定也不会认为被我所写的内容伤害了感情。但是，难道男性作家就没有面临同样的情况吗？他们中真正拥有突出成就的人也是不多的。区别只在于，对于名誉和财富的渴望会误导他们，而女性凭借她们平庸或者未及平庸的天资涉足自然和民法都不赞同的领域时却不易感到心有不安。

　　至于如何与酷爱文学并渴望拥有极富教育意义和娱乐的人际交往的女性打交道，我在这里只能说两个字——忍耐，如果你不打算屈尊降贵地去恭维她们的话。因为一般来说人们不敢明确地质疑她们，也不可能改变她们的审美观。

19

女性比之我们男性拥有高得多的天赋，懂得隐藏自己真实的想法和感受。即便是那些资质平庸的女人有时也会精通伪装之道。

在某些情况下，这种小伎俩可以帮助她们对付那些追求者。当她的追求者觉得她是不顾一切地与他在一起时，她的计谋就得逞了。所以，当她们偶尔看起来有些异样的时候，千万不要责备她们，但是在与她们交往的过程中一定要谨慎，千万不要相信她们有时对某人明显的冷淡和对某人公开表示的好感。

她们这么做的原因如果不是简单地开玩笑或者情绪、固执使然，那么就是为了隐藏她们的伎俩。想要完整地破解女人的秘密需要对女性进行深入的研究和长期细致的观察，一句话，实践出真知。

20

和上了年纪的恶俗女人打交道一定要非常谨慎，对此我不想多说。因为 30 年来她们习惯于聆听别人对她们美貌的赞叹和恭维，所以就像法官规定的合法权利一样，她们此时对于自身的魅力就更为迷信了；她们会 5 年才过一次生日，如果让她们来做书籍的监审官，那么她们很有可能会没收所有的日历。

我不想谈论她们的古板、严格和冷漠，正如我听说的那样，人们在与她们单独交往时，应偶尔与在公开场合中的方式不同，而轻率的人则说：谨慎的男人最易获得的就是这类女人的青睐。我不想谈论那些所谓的教母，她们会时不时地把有关邻居和熟人的事拿出来抖落一番，并把这看成是自己的义务，而人们也正因此不敢恶化与她们的关系。我不想谈论以上的种种，为的是不想激怒那些我无意诋毁的人。

21

对于和聪慧、高贵的女性交往所带来的欢乐我还有几句话要说。正如我之前说过的，我这一生最快乐的时光也在于此，我所说的是我

的真切感受。她们的温柔和善解人意、幽默机智和敏锐的判断力，还有她们那不可模仿的可爱脾气是那么的有趣，即使她们也有喜怒无常的时候；在遇到困难时，她们的忍耐力也是惊人的，即使最初她们对丈夫的抱怨会使得事情变得更糟；她们会温柔可爱地安慰、照顾、等待和容忍他人；她们是温柔体恤的化身；她们善意的玩笑和健谈的性格使整个社会朝气蓬勃，这所有的一切我都了解，我都尊重。虽然我在这里对她们之中的某些人说了一些不好听的话，但是谁又会对我冠以诽谤中伤之名、怀疑我单纯的动机呢？

第六章

朋友间相处之道

1

　　说到我们对朋友的行为举止，因为一切都是由我们自己的选择决定的，所以我必须首先发表一些关于此对象的注释。没有哪种友谊比在青少年时期结下的友谊更加持久。那时候，人们还没有这么多疑，在小事上也比较容易相处；那时的心灵更加开放，愿意互相倾诉，愿意结伴；个性更容易整合；双方都会让步以便达成一致；人们一起经历一些事情，回忆那些无忧无虑、一起度过的幸福的青少年时代，以相同的步伐在文化修养和经验上积累提升。此外还有习惯和需求；如果亲密的圈子里有一个人被死亡带走了，剩下的这些伙伴将被更紧密地联结在一起。在成熟年代，情况就完全不同了。被人与命运多次欺骗后，我们变得更封闭，不轻易付出信任；心灵处于理智的监护下，在向别人倾谈之前，理智更加仔细地斟酌权衡，自己寻找办法。人们要求得更多，在选择中更加令人生厌，不再渴望结交新的朋友，不再被引人注目的外界如此强烈地震动；对完美、持久的结合、完全付出的利弊，人们有了更切实的概念；个性更加稳定；决定原则的那些体系很难被一个陌生人的观念意识以及理论融入；由此，要达成持久的和谐就更加困难，最终，我们纠缠进一些这样的事务和关系中，以至于我们几乎没有必要、很少有渴望

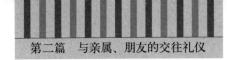

去获取新的东西。人们并不忽视和冷落青少年时代交下的朋友；即使命运、旅行和其他情况使我们在世界里漂泊，把我们和玩伴分开，人们还是会寻回旧时的伙伴，极少会恶意地忽视他们。

2

完美的友谊要求地位和年龄的一致，这是一条被普遍接受的原则。俗话说，爱情是盲目的；爱情用无法解释的本能把心连接在一起，因为爱情是被感觉而非理智控制的，所以在爱情中，不会考虑任何差距和外在条件。与此相反，友谊的基础是原则和兴趣爱好的和谐一致。出于教育和经验的差异，每个年龄以及每个地位都有特有的心境和观点，因此年龄和社会关系差异大的人之间无法达到联结友谊所需要的完美的协调。

这些注释包含了很多事实，然而我确实见过在年龄与地位均不相近的人们中间的温柔且持久的友谊，如果回忆一下我在本部分第一章开头所说的话，就很容易解释了。有人老心不老的人和少年老成的人，良好的教育、愿望的节制、思考方式的自由和地位的独立性能把一个乞丐提升到高位，正如遭人蔑视的品德、卑鄙的欲望和低级的观念意识甚至能把一个侯爵贬低为卑贱的下等人一样。但是，毫无疑问，原则和感受的一致性是拥有持久真挚的友谊所必需的，这些在能力与知识差异过大的情况下不易寻得。如果我们的朋友完全不能设身处地地为我们设想，如果我们的感受对我们的朋友而言完全陌生，那么在这样的关系中，那些最让人幸福的事，如想法和意见的交流、相似感受的倾诉、对不祥预感的纠正和在重大事件上的斥责，必然会有一项欠缺。有些人受人景仰、尊重和关注，但是人们并不爱他们，或者人们至少对于得到他们回报的爱表示绝望。在友谊中，双方都必须能够同等地付出和接受。任何一方占有优势，或者出现任何破坏平衡的因素，都会破坏友谊。

3

为什么非常有教养和非常富有的人觉得友谊并不是特别有意义？因为他们的精神需求更少。他们满足于激情，追求令人陶醉的热烈的

欢乐，不停地享受被夸奖和尊敬。妒忌、羡慕和其他的激情把他们和那些与他们相似的人分开；当他们出于自私自利或虚荣心需要时，才会找比他们更大的人物。但是他们和渺小贫穷的人保持如此远的距离，以至于既不能从他们那里了解事实真相，也无法忍受与他们平起平坐的想法。即使是其中最好的人也会迟早产生"我是更好的料"的想法，这种想法就会扼杀友谊。

4

就算是在和你的地位、财富、年龄、能力相同的人中间，也只有和那些不被卑下、暴躁、愚蠢的激情控制的，不被情绪和忧郁左右的人，才可能有持久的友谊。那些沉湎于狂喜和娱乐中的人，那些把一切献给狂野欲望、肉欲、酒癖和被诅咒的赌博中的人；那些崇拜虚伪的荣耀、拜金或自我崇拜的人；那些个性像蜡一样可被所有人随意揉捏的优柔寡断的人，他们可能是好公民，但绝对不会成为忠诚可靠的挚友。只要一涉及忠实、舍己、不渝和坚强，这样的人就会背弃你；你将会形单影只，觉得被欺骗了，其实是你自己由于择友不慎而欺骗了自己。我们用自己的想象把人刻画成我们想要的样子，等到后来发现实际情况并不像原来所刻画的那样，便会觉得异常生气，这样的情况在这个世界里常常发生。

5

人们常说，最安全的交友方式是不需要朋友；但是每个人从感情上来说都需要朋友——而且，在这个世界上，要找到真正的朋友，真的有这么难吗？我认为难度不及人们习惯认为的一半。我们敏感的年轻先生们对友谊的定义设定得太高了。当然，如果我们要求我们的朋友在关键时刻彻底付出、无条件奉献、放弃自己的一切利益，忽视自己的信念盲目追随，甚至钦佩我们的错误，赞叹我们的蠢行，在我们因冲动误入歧途时一同参与。简而言之，当我们对拥有血肉之躯和自由意志的朋友提出不公正合理的要求时，那么我们要在千万人之中找到全身心投入我们臂弯的一个人，就不容易了。但是，我们寻找和我们的主要原则、

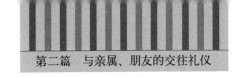

感觉一致的明理人，不去计较那些不引人注意的小差异；寻找与我们同乐的人；寻找不被我们蛊惑而爱我们、不对我们的缺点视而不见而珍视我们的优点的人；寻找那些在我们不幸时对我们不离不弃，信任我们的善良正直、坚定地站在我们身边、在必要时安慰、鼓励、帮助我们，并且珍视我们、在无损名誉和公正的前提下无私奉献自己所有、不对我们隐瞒事实、向我们指出我们的不足而非蓄意侮辱我们、喜欢我们多于喜欢其他人的人，当然得在适当合理的范围内。我们认真地寻找这样的人，我们当然找得到，但是能找到很多吗？我不说"不"，每个老实人都能找到几个吧。那人们在这个世界上还需要什么呢？

6

如果你找到了这样一个挚友，那就留住他吧！就算幸运之神突然眷顾你多于眷顾他，就算你的朋友不再引人注目，在别人口中你们的关系变得不再合理公平，也要一如既往地尊重他。不要为你的贫穷、极少受到敬重的朋友而感到害羞。也不要妒忌你的朋友！相反要依靠他，不要让他变得令人讨厌。

当你的朋友的脾气、能力和接受度并不都和你一样，你不要对你的朋友期望很大，不要把你的能力强加给你的朋友。接受你朋友的同盟，不要为他的公正性和正直性去担忧。当幸运之神眷顾你，让你大权在握，你也不要嘲笑你朋友的能力，不对你朋友的品德产生怀疑。当他在他的同盟那里受到不公待遇时，你不要再去困扰他，要把他的激情当作一种人的美德；当他还是不要你的帮助，而他却在反抗那并不聪明的敌人中深受其苦，这时你需要偷偷地支持他。当你的朋友受到无理由的诽谤时，当别人错误地认识他时，你要去拯救他的名声，一旦你有可能，你就要去说出他的优点。

当命运之神对他不公、当别的人都看不起他时，你在公开场合还是要敬重他，不要耻于和他有关联。当他落于你后时不要嘲笑他。你要小心翼翼并且很聪明地和他交谈，不要让他有异样的感觉；当他不安心时，要尽量避免讽刺和口无遮拦。

7

在贫穷时候不离弃我们的朋友是很少的。你自己就是那个少之又少的朋友之一。你需要照顾好自己，并且不要忘记聪明和正直有时候是与你背道而驰的。但是当别人对你做了不公之事时，不要去抱怨和责备。不要一直在别人面前怒气冲天。我在前面已经说过了，柔弱的和感情用事的人是最不可靠的朋友；在你的性格中尽量不要有害羞的因素，不要太依赖朋友；要好好回想一下，你的朋友有没有出于对你的妒忌而伤害你们彼此之间的关系，并且不尊重你。

8

我的心里对朋友的选择其实是没有一个特定的原则的：诚信、有责任感或者在自己不幸的时候有同情心。独自承担痛苦，在这世界上像我们这样的正直的好人也已经不多了，这难道还不够吗？我们难道不该加重一下那些苦难吗？如果我们强迫别人与我们一起承担苦难，这样不就能减轻一下负担吗？

因为这时，人们便不能借谈论这个而减轻他自己的痛苦了！只有那些上了年纪的女人才会这样饶舌；懂得理解别人的男人都不会这样的。我在这一篇章的第一部分就已经阐释过了：别人抱怨他的缺点到底是好还是不好呢？那时我针对这个问题谈及的仅仅是应对时的谨慎和小心；和朋友相处，我们必须要把自己的感情记录下来，面对自己所处的不利境地不要气馁，也不要去告诉朋友。

我说：因为这种情况经常发生，所以我们要有包容的心，要尽量满足朋友的要求，要理解朋友的苦闷，要理解他们对我们保持沉默或者侮辱我们对他们的信任。在其他情况下要让我们的朋友自己冷静下来。我们现在能理解他的建议或者他的帮助可以拯救我们。当人们都保持沉默时，友谊会变得怎样？

9

当你的朋友向你抱怨他的贫穷和痛苦时，你要仔细聆听。发现他对你有所隐瞒的时候，你要有包容的态度。你的朋友有困难时，你要尽量去帮助他，给他信任；但是不要容忍他像女人那样唠叨，不要纵容他。你要唤醒他男子汉的勇气，这样他才会有信心战胜所有的困难。当他存有错误的幻想时，不要再去迎合他，而是要帮助他理清思路，向前走。

10

和朋友相处要开诚布公。在朋友之间，所有的羞怯、强迫、过度的喜好和误解都应该放下。朋友之间就是要相互信任和彼此都认为有正直之感。人们应该静下心来单独考虑一下，公开别人的秘密会有好处，还是会带来坏处；而它也可能只是孩子般的玩笑。很少有人会一直坚守秘密的，大部分人都会讲给自己的好朋友听；陌生的秘密并不是属于我们的，但是终究会有一天，人们会不带任何成见地吐露自己的心声。

11

每一种有伤害的奉承在真正的朋友之间都是不可取的，这种奉承都不是真心地喜欢，而是不负责任的迁就，它不会把生活弄得更甜美。

世界上有这么一类人，只要别人和他们的观点不同，他们就对别人没有好感了。他们盲目地赞同或者反对一件事或者一个人；他们会被幻想或者激情搅浑；他们有不端正的或者是不好的习惯。他们习惯被奉承，从而不想去听真言。

人们必须按着自己的心灵说出实话和聆听真相，即便这个真相是非常残酷并且震撼人心的。真正的好朋友他对真相不会有所隐瞒，他可能会厌烦别人的无尽的说教，认为这些都是毫无用处的，但是他不会去欺骗别人。

12

即使是你很要好的朋友你也要和他保持一定距离，否则别人看起来你只是为了聊天才和他成为朋友的。不要去信任那些经常改变自身原则的人。这个不是很容易解释的！有谁会有那么多应酬，以至于每天的四分之一时间都没空？一个平时对我们有点疏远的朋友对我们突然很好，即使我们对他还是有点不信任和冷淡，但我们还是很开心的。

13

人们有时看友谊之情是带有妒忌之心的，就像看待爱情一样。这样就会产生更多的妒忌之情，以至于超过朋友间的温情。当别人也知道这友谊对我们来说是很看重的，那令我们也非常高兴；当我们的爱人能够感觉到我们对他（她）的感情时，我们也是非常开心的。

14

所有你听到的关于你朋友的一切，比如他的财产、运气、健康状况、名声、在女性之中的名望，以及他对孩子的责任和教育情况，对于你来说，都是你作为朋友所要担心的。你的激情和喜好都要尊重这些，不要与之冲突。

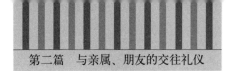

15

人们接受礼物或者其他东西的情况都是不同的。并不是一直都充满感情地把一样样都接受下来，并不是凡是好朋友就来者不拒。所有的惊喜都是短暂的，不会持续很长时间；有时安静地注视比祈祷、敬重和惊喜都更有价值。人们因此不会要求每一个人都来展示自己的友情，但是会根据相同的爱好和性格特征来评价他们的朋友，哪些人不是在奉承自己，而是在真正帮自己。遗憾的是我们的虚荣心常常根据人们对自己的喜爱程度来评判人的价值。

16

不要对你的朋友有畏惧感。并不是每一个会狩猎的男人都是好男人，他或许只是对你特别好。其实每一个迫不及待的表现都唤起了对这个世界的怀疑，谁能够保持冷静，以平常心来对待任何事情，那么他就非常聪明和正直；他对朋友就像对待兄弟一样。

17

世界上也有这么一类人，他们没有特别信任要好的朋友，只有熟悉的人，因为他们缺乏心灵的满足，或者他们没有任何信任感，也或者是他们本身就很冷酷、没有忍耐力、自闭、妒忌心重或者是好斗的。另外一种情况则是有些人的朋友遍布世界，他对任何人都是坦诚相对的，他也接受任何人作为朋友。我们千万不要成为这两者的任何一者。

18

即便是在最信任最要好的朋友之间也会产生误解。如果人们有时间去解释，那么就不会产生宿敌了。宿敌也是由于彼此之间脾气暴躁产生的，同样越是信任的好朋友，越是会彼此相信，出现误解之后就越生气。在这种方式下有时最为高贵的灵魂还要互相斗争，这无疑是

最令人伤心的。为此我建议，当友谊出现第一个不和谐的阴影时不要都围绕着这个话题，或者为了解释而去做什么。

19

当朋友误会我们，我们过段时间把事实讲出来，朋友仍然不能理解我们，我们还和这些人联系着，这对我们来说有没有价值呢？我的读者啊！我重复几遍也不觉得多余，当我们和别人进行进一步的交往时，我们发现他们的异样，这也是我们一开始就预料得到的啊，为此我们有时也是负有责任的。各种感觉、好感、相似的品位、喜好、精致的奉承这些行善者表现出来的现在都展现在我们眼里，这些或者那些相似的印象都会给我们造成一定的影响，会让我们抓住机会用不真实的言语表达我们的心意。我们对他们的想法是很纯洁的，如同天使般，至此我们对爱人的不宽容甚于对陌生人，一旦我们的人性弱点被真实地显现出来，我们也就要为此辩解。你们不要对朋友有太高的期望值，或许在你们眼里他们也是会犯错误的，不要为此感到陌生和生气。你们要宽容！你们自己也要抓住另外的机会。你们不要去判定什么，否则你们自己也要被别人判定！他对你除了信任、爱和帮助还有什么其他责任呢？

当一些不好的人把中伤我们朋友的话传到我们耳朵里的时候，我们首先要进行自我保护，要相信自己。喜新厌旧的男人即便是升上天国我们也会鄙视他的；经过几年考验，的的确确能称为好朋友的人也可能做下流的事情。外表经常是最迷惑人心的；人们的策划在最关键时刻又不管用了；但是一个有高尚品德的男人他是不会做坏事的，事实证明也是这样的。

20

如果我们的朋友是在符合道义的情况下慢慢变坏的，或者我们太轻信于他，那么他就在滥用我们对他的信任感，是个忘恩负义的人。容忍这样的朋友是错误的。从另外一方面来说，他欺骗了我们，同样也欺骗了其他人，甚至欺骗了整个道德准则。

第七章

与房东、邻居以及生活在同一所屋子里的人的交往

1

如果我们按照顺序，从人类最初以及最自然的关系开始，或者说按照从简单到复杂的顺序，那么在这一章节，我们该谈谈和邻居以及家庭成员之间的关系问题了。

虽然，我们最近时期的哲学体系没有涵盖人们之间这些紧密的关系，并且我本人对此也不甚明了，因此我觉得有必要先说这句话：除了你的家人之外，与你关系最紧密的是你的邻居和家庭常住客，你应该尽量为他们提供建议和帮助。不管是在城市还是农村，邻里之间关系和睦是再好不过了。它的好处体现在很多方面，例如我们有时需要找人帮个小忙，当我们想在工作之余好好地休息一下，当我们有烦恼想找人倾诉时，我们就不用花费很大力气去寻找那个友善的伙伴了。人们不能漠然地对待他们热情且善良正直的邻居。我曾经遇到过好邻居，我对他们毕生都怀有感激之情，我会一辈子都记着那些快乐的时光。那还是在 3 年之前，我一个人在法兰克福的莱茵河畔品味孤独，住在我旁边的邻居给我带来了关怀和快乐，但是那些美好的时光却稍纵

即逝。他们通情达理、品格高尚，经过与他们的谈话，我忘记了曾经的不愉快并与仇人重归于好。在大城市，人们通常都是各人自扫门前雪，甚至连住在同一幢房子里的人是谁也不知道。我觉得这十分滑稽可笑。如果我附近住着一位能陪我驱赶寂寞、共享快乐的邻居，我不知道还有什么动力能让我穿越整座城市，到城市的另一端去寻找所谓的"朋友"。如果真有这样的情况发生，我就不得不感到惭愧了，因为比起我的邻居，我更熟识的竟是和我一起坐马车的人和那些街头的学徒。

2

我们要提防那些与我们住在同一屋檐下却硬要和我们做朋友的人，谨防他们纠缠不休，特别是当他们有意让我们参与他们的家庭事务时，我们更应退避三舍。尤其是对待他家的仆役，这些人经常在不经意间搬弄是非，所以要避免与他们过从甚密，不要留给他们说三道四的话柄。

3

人们应该乐于帮助自己的邻居。有时，一个小忙可以给邻里之间带来和平，使我们受人欢迎并不被别人忽略。这些举手之劳包括：避免吵闹和制造噪音，夜里的时候不把门关得"嘭嘭"响，不在人家的窗口探头探脑，不往别人的院子和花园里扔东西等等。

4

有些人鲁莽地以为，租来的房子、花园和家具都是不需要爱惜的，反正根据协议，造成的损坏会在押金里面扣除。虽然这类事情并不是一直发生的，但是我认为，一个受过教育的人是不会以损坏别人的东西为乐的，他这么做只能引起别人的反感。很显然，相对那些贵族和富人，房东一般都愿意把房子租给那些能准时交房租并且保持房子整洁的礼貌房客，哪怕是降低些房租也可以。在我租房子的那段时间里，我与我的房东和邻居即便是一点小小的争执也没有过，所以每次临别之际，他们大多数都会掉眼泪。

　　同样，房东对房客也应该是礼貌周到的，哪怕他自己也住在这座屋子里，也不要凡事都斤斤计较。

5

　　如果住在同一所屋子里或者每天必须在一起生活的人之间发生摩擦和误会，其中一方应该立刻向对方做出解释，因为没有什么比住在同一屋檐下的人彼此厌恶更令人尴尬的事情了。

第八章

主客相处之道

1

　　从古时开始，人们便对好客的品质给予了很高的评价。时至今日，这一品质仍在很多地方备受推崇，比如人口相对较少的偏远地区，或者一些因为物质相对贫乏而民风淳朴的农村。在那些地方，热情好客被视为美德。然而在繁华的大都市，奢靡的生活方式渐渐摒弃了这种单纯，好客之道也因由各人的境况和喜好被人们不同程度地接受和执行。当生活越来越崇尚奢华，当人们的好心总是被滥用，人们在表示自己的慷慨时就不得不有几分顾忌了。特别是在面对懒汉和寄生虫时，人们必须得看紧自己的荷包。想必大家也都能理解这种做法吧？在这里，我不想就权贵们的待客之道进行论述，无聊、虚荣和奢侈是对此最好的描述语。他们之中无论是设宴的主人还是赴宴的宾客，对于这档子事都是心知肚明。但是关于中等阶层如何待客，我想提出一些普遍适用的原则，谨供大家参考。

2

　　人们一般会根据自己的情况，在一定的尺度内以较好的方式，以自己的真心和和蔼的面容来接待宾客。在款待陌生人或朋友时，人们总是着意表现自己的礼貌和好意多过表露奢华。陌生的游客我们也应热情相待。对于游客而言，重要的并不是一顿免费的大餐，而是能有机会来到一户热情的家庭感受风土人情，这才是他们旅行的目的。正因如此，我们十分赞赏热情款待陌生人的做法。如果有客人不请自来，我们也不应面露难色，因为这会让别人相当地难堪。比如当我们意识到对方并没有宴请我们的意思，并给出诸多理由，但是最终还是出于礼貌勉强招待了我们时，尴尬的情况可想而知。又比如当我们不小心放错了盘子的位置或者遗忘了什么东西的时候，男主人就会向他的妻子或者仆人不停地唠叨我们的错处。如果主人必须亲自在屋里奔走、布置细节，那么他也就没有了欢聚的快乐了。有时虽然男主人很大方，但是他的妻子却会细数我们放进口中的小点心的数量，并且放在盘子里的食物不足以分给所有人。又或者主人大肆地劝我们吃喝，仿佛是在告诉我们："一次吃个够吧，吃得饱一点，这次应该够你们消化一段时间的，这样你们暂时就不会再来了。"还有一种情况也很尴尬，那就是主人家发生了争执或者家里乱得一团糟，而我们又不得不成为这些情况的目击者。总而言之，款待宾客应处之有道，它并不等同于单纯地请人大吃大喝。有很多小技巧可以使得事半功倍。比如设宴的主人要学会挑选合适的话题，这个话题必须是客人们爱听且能激起他们谈论的兴致的，并且每个人都能以这个话题展现其闪光的一面。要让愚蠢的人得开化，悲伤的人受鼓舞。主人要让每个客人都有机会谈他们喜欢的东西。圆滑世故和处事老到对于一些特殊的情况也是有利无害的。主人必须眼观六路、耳听八方，要让宾客觉得我们处事泰然、相当随意，而不是焦躁不安、马虎应对。主人还要设法不让相互陌生或是有仇隙的人坐在一起。最重要的是要让宾客们知道，以上种种并不是对他们的无理强迫，而是周到的护卫。如果我们由于仆人的疏忽请错了客人或者挑错了请客的日子，那么也不要让客人觉得自己是不速之客，至少不能让他尴尬，以为我们不欢迎他。

有些人喜欢凑热闹，人越多越高兴。而有些人则偏好安静，喜欢参加小型宴会。我们宴请宾客时要充分注意到这一点。每一个在你家作长期或短期逗留的人，哪怕这个人是你最为讨厌的敌人，都必须获得你的保护以不受他人的侮辱和陷害。我们务必使每一个客人都有宾

至如归的感觉。我们得准许他能在屋里随意走动，如果他想独处，就不要打扰他。也不得要求客人以娱人娱己的方式来报答我们为他提供食宿的恩德。另外，如果宾客在家里逗留了较长的时间，我们也不应就此怠慢，而应该始终如一地以礼相待。

3

同样，客人也应对主人给予充分的尊重。俗话说："客人和主人无法在同一屋檐下和平共处超过三天。"这个说法当然也有例外。但是，有一些真理是我们不该忘记的：我们不应强行要求去某人家做客，应该考虑我们在主人家里待多久是合适的，并且不应成为任何人的负担。要知道没有人有义务长时间地招待客人。特别是对于家境并不是很宽裕的人，我们不应该不请自到。对于热情好客的主人，我们应感激他的招待，而不给他招致任何麻烦。当主人和他的家人想单独谈话或者处理家事的时候，我们应回避，直至他将事情处理完毕。我们应该在主人的家中谨慎克己，遵从主人家的规则，接受他家的习惯，就好像我们也是其中一员那样。我们不应对主人家提出过高的要求，知足才常乐。也不要插手家庭事务，干扰家中正常的家庭秩序。如果房东的招待有任何一点与我们的期待不符时，我们也不得在背后胡乱议论和冷嘲热讽。

4

然而，也有那么一些极为看重好客品质的人，他们向人们展示这一美德只是为了受到人们的赞美，并期望家中总是门庭若市，或是出于一些别的目的。这种行为当然是不得当的。一个正直的人不应该索取得比他所需的更多。我们不应太过在意什么应多一些或少一些，要知道我们的社交圈和我们为此所花的时间与那些美味的食物一样重要。

第九章

行善者和接受善事的人、老师和学生以及债主和欠债人的相处之道

1

感恩是人类最为高尚的德行之一。要尊重帮助过你的人！不要只是一味地口头言谢，而应寻找一切可能的机会用实际行动来回报对方的恩德。如果你实在找不到合适的机会，那么你至少应该通过与众不同的友善举止来表达你感恩的心。但是，我们也不应该根据所获帮助的大小来决定我们的行为表现，真正重要的应该是对方的真心。当你已渡过难关，不再需要对方的帮助时，或者即便不幸使对方显得不再那么高大辉煌之时，我们也不应摒弃对他的感激之情。

2

千万不要为了骗取帮助而向别人作卑微的奉承，或是为了得到保护

而依附于坏人。当责任和正义需要被捍卫的时候，你绝不能向邪恶低头、保持沉默。如果你尽到了作为一个真正的朋友的义务，那么你就对得起别人对你的帮助。哪怕是冒着被误解而失去帮助的危险，你也应该把那些向你施善的人必须知道的事告诉他。这样也就不至于辜负那些尊重你、赞扬你，且把维护你当作自己使命的人。如果你没有做到这一点，那么你就没有尽到作为一个正直的人关爱朋友的责任。

3

当我们发现那个曾经向我们多次施以善意的人其实也有不好的一面，那么这无疑是一种让人深感失望的情形。如果你们听从我的话，也就是我们应当尽可能少地接受别人的帮助，那么你们就自然该回避这样的人。如果我们无法避免这种尴尬，那么我建议，我们至少应该宽宏大量地对待他，对他不好的行为保持沉默，要尽量以一颗正直和充满爱的心对待他。但是这种爱并非无限止的沉默，如果他犯法了，那么所有的顾虑都必须被摒弃。正如施善行的人不同一样，所施的善行也各有不同。有一些不足为道的善行是人们哪怕从坏人那里也能得到的。如果你把它的价值看得比它实际应得的要高，那么这就是你自己的责任了。我们可能还会碰到一些别的重要情形，无论那是怎样的情形，我都建议大家，在我们无法预知自己是否有能力回报的情况下，最好不要随意接受别人的帮助。

4

人们展示善举的方式往往比行此善举本身更有价值。人们可以因为方式的得当而提高善事本身的价值，也可以因为方式的失当而毁掉原有的功劳。很少有人明白其中的奥妙，但是此等奥妙又不得不学。我们既要高尚地行事，又要顾及他人的感受；我们不应带给别人过重的包袱，也不应对别人表示的善举提出任何的指责；切记要避免他人令你蒙羞的感激；绝不要向别人乞讨感激，而应给别人表示感激的机会。施与的人，如果他能在正确的时间主动、热情地施与，那么他的举动将会获得双倍的效果。多多施与吧！它是灵魂的净化。内心充满愉悦

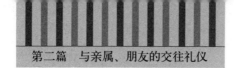
地为他人做点实事，这是一项何等的善举啊！人应乐善好施，但绝不能爱心泛滥，也不能强迫别人接受你的善心。千万不要盘算着自己的行为应当受到世人的赞赏和褒奖。在与那些你曾经帮助过的人相处时，要特别地小心，因为他们可能会猜测你施与的动机，以为你是故意要在他们面前展现你的强势，而让他们由于应该对你心怀感激而必须在你面前三缄其口。此外，也千万不要回绝那些登门求助的人。对这样的人你应该友好、关切、认真地听他倾诉，让他把事情原原本本地告诉你，切忌打断他的话。如果你不能帮助他，那么也请你直截了当地告诉他，千万不要对你不能帮助他的理由加以任何轻慢的陈述。另外，虚伪的借口和空洞的敷衍也都不是明智之举。

5

　　没有一项善举能大过教育之恩。对那些曾经给予我们谆谆教诲、引导我们变得更聪慧、更完善、更幸福的人，我们应该把对他们的感激铭记一辈子。即便是岁月荏苒，现在的我们在成熟的年纪，凭借着多年来在文化上渐进的造诣而意识到，当初的老师并不是那么的高不可攀，但也绝不应该否认我们曾从他们身上汲取的恩泽。

　　那些有责任心的教育工作者应当获得我们特别的尊敬。教育人实则是一件非常困难的工作，是一件不能用金钱来衡量的工作。即便是一个身份卑微的乡村教师，只要他克尽职守、兢兢业业地在履行他的职责，那么对于国家来说他的重要性要大过一个财政部长；而同时他所拿的薪水却是少得可怜，那么我们为什么不选择通过向他表示尊敬这种精神安慰的方式来使得他的生活变得更加简单、更加如意一些呢？那些把自己孩子的老师当作佣人来看待的人应该感到羞耻。就算他们意识不到自己这样的行为有多么的不高尚，那么也该想想，这种对教师不尊重的态度会对孩子的教育造成多么坏的影响，就能够明白这种行为的低俗了。我也曾十分为之感叹，当我看见某些贵族的家庭教师在主人开宴时总是闷声不响地坐在餐桌旁，不敢轻易地插话，发表自己的意见，即便他能出色地完成自己的职责，并且也被看作是这个家庭的大恩人，他也只敢与那些地位比他低的孩子、陌生人和下人们打交道。我们必须承认，

在我们的周围总是可以看见这样的只有在他的教室里才被尊重的可悲角色；我们应该与他们更好地交往，我们对他们的尊重还不够。那些不把他们孩子的老师当回事的家长总有一天会尝到恶果的！

如果你能找到一个高贵的朋友来负责你孩子的教育，那么仅仅向他表示诚挚的友好、尊敬和感激之情是不够的，你还必须给他能不受阻拦地完成他的教学计划的权力；并且从那一刻起，因为你把孩子托付给了他，所以你已经把你为人父的很多权力也一并交托给了他。不过这可能属于另外一个话题了，我们把它放在这里讨论似乎不太合适。所以，就教师和贵族家庭教师与下层人士交往时的行为举止，我就不再往下讨论了。

对于欠债人和债主之间的关系我要说的不多。人们应该公正、礼貌地对待那些欠债的人。人们不应该认为，那些欠我们钱的人理所当然地是我们的奴隶，他应当承受我们对他的侮辱。我们也不应当认为，只要有钱就有理由小看别的人。债务人应当信守自己的承诺，准时还钱。我们不应把那些靠微薄的利息生存的人和放高利贷者相混淆，这样我们就能获得诚信。而那些正直的人也会不惜牺牲自己的利益，帮助我们摆脱困境。

第十章

如何与处于特殊境况中的人交往

1

首先我要说的是对待敌对状态下的态度。人们通常不会蓄意地去伤害别人。在人类所有的行为中，有一些人始终是善意且乐于助人、宽容谨慎、正直并毫无心计的。他们不允许自己跨出伤害别人的那一步，不会破坏别人的幸福，不会中伤别人，破坏别人的名誉。这样的人如果不是身居要职，出于必要，他会始终顾及别人的利益，不会轻易地道出他所知道的别人的隐私。那么这样的人，他是不是就没有敌对了呢？我并不这么认为。但是，如果我们不为嫉妒与不良企图所累，那么人们至少能找到安慰，没有理由把我们当成敌人。

我们并没有试图时刻被别人所爱，但是有一点是取决于我们自身的，那就是不被别人轻视。大众的掌声、普遍的赞誉并不是必需的；即便是流氓，如果有别人的尊重，他终有一日也会变成正直诚实的人。在这世上，只要拥有三个可以交心的朋友，人们便足以感到幸福。

如果人们不想在人际交往中担惊受怕，那么就不要为一点所担忧，那就是并不是所有的人都认为我们是好人、是聪明的人。一个人所具备

的高尚品行越多，那么他受小人忌妒的概率也就越高。那些自认为受到最多下层民众拥护的人，他们大部分都是中产阶级的人，是一些没有个性，只会阿谀奉承、溜须拍马的人。诚然，要赢得别人的赞同是十分困难的，特别是要赢得那些平日里最为反对我们的人的支持。如果人们想要通过研究对方的弱点，并与之着眼于此进行私下的谈话，试图以这种方式来要挟对方不得不赞同自己，那么这种方式也并不是君子所为。那些并不了解我的内心世界，甚至是根本没见过我的人，只是因为某个长舌妇的一句闲话便对我有所看法的人，这些人的意见对我来说又有何重要呢？

如果你不想多树敌或是增加别人对你的敌意的话，那么就不要抱怨你那些"敌对"的做法。因为我们周围总是有那么一些胆小且卑鄙的人，这些人没有胆量公开向一个高尚的人表示他们的不满，但是当他们看到你无助、害怕、受打击的时候，他们的胆量却来了。即便这些人在你看来是多么的微不足道，但是他们却可以凭借着对你的嘲弄使你头痛不已。明智的人应该懂得自我保护。多展示一些自信，那么那些想看你笑话的人自然也就没有可乘之机了。另外，人们在世上要做的这种类似的斗争还有很多。每一个好人都忙碌于自己的事务，以至于想寻找同盟便是徒然，因为这些所谓的同盟在触碰到自己的利益的时候第一个便退缩了。当一个人发现遭人反对时，却始终能对自己说："上帝保佑！我非常好，我还有很多朋友。"这样的人会被当成是有力的同盟，这样的人别人才会在必要时保护他，就像是公爵为了保护自己的公国，同时也会保护周边的小国一样。

千万不要言辞激烈地反对敌对你的人，口头与诉之文字都不行。当有人像平时一样对你耍伎俩时，也不要对此进行任何的解释和说明。坏人们最终会遭到惩罚，会被别人唾弃；而流言蜚语也终会不攻自破，如果人们自己对此也毫不在意的话。

如果人们因此而被无辜中伤诽谤，那么人们更要在行为举止中显示自豪与尊严，时间自会解释一切的。

并不是所有的恶人对高尚、大度、正直都是无动于衷的。他们该担心的不是报复，而是他们自己会被公众唾弃。如果他们继续加害别人，那么所有的人都会同情那个被他加害的人。

如果他们对你所表现出来的漠然与置之不理毫不顾及，或者气焰更为嚣张，那么是时候给他们点颜色看看了，向他们展示一下你的能力，告诉他们并不是你不能，而是你不愿意这么做。但是，切不可耍伎俩！千万别和其他的坏人结盟。不要为了和他人作对而和小人共事，而要独自勇敢、冷静、快速、正面并且公开地回应妄图伤害你的人。一个正直的人在与恶人做斗争时所能展现的正义之光是不可想象的。

要无畏地面对那些强大的敌对对手！保护那些存活下来的不幸的人，并且不要到处宣扬他对你的不公。否则，他一旦遭到公众的指责就会继续伤害你。千万不要接受第二次和解，然后忘了所有的屈辱，你应该谨记，那个人会加深第一次对你的迫害。要保障自己的安全，但是不可表现出不信任。再一次无辜地受到侮辱比伤害别人一次要好，因为如果你伤害了他、剥夺了他所有的勇气，那么当他回来之时，就会对你形成威胁了。但是人们也必须学会原谅，即使不是被要求这样做的。

当我们受到别人的伤害时，这对于我们而言正是一个认清对方品行的大好时机。我们可以注意到，他是否会请求原谅、试图修复你们之间的关系，并且他是如何做的。马上还是事后？在众人面前还是只当着你的面？为什么不是马上并且在众人的面前？是出于顽固、自尊心还是愚蠢？或者他什么都不做，任由我们去，或者发发牢骚并且对受伤害的人表示敌意？他这么做是出于轻率还是狡诈？又或者他试图弥补自己的错误、耍诡计、强词夺理？

如果你伤害了别人，那么立刻想办法弥补自己的错误吧！不要惺惺作态，而要真心实意地。在此，要给所有的情况提出一个统一的准则是不太可能的；我只想强调一点：有那么一些人，因为别人倨傲的态度觉得受了委屈，而其实这只是他们自己的感觉，于是他恣意地想对别人实行报复，施行不公。对于这些人，我们不应该太刻意地想企求他们的原谅，而应该通过事后更谨慎的行为使之忘记以前操之过急的态度。

被人算计的那人越尊贵，他就越需要遵从这些规定。一位大臣往往会被那些他所看不起的平民百姓所推翻，如果在他们实施第一次袭击的时候看到这位官员是个贪生怕死的人。

另外，如果说我们的敌对对手经常会无意地成为帮助我们的人，也并非毫无道理。他们提醒我们注意自己的错误，比如我们自身的虚荣、

我们盟友短浅的目光和那些往往被我们忽略的奉承者的溜须拍马。敌人的侮辱激起我们的斗志，使我们做得更好，获得更多人的赞同；当他们试图阻止我们前进的每一步，他们是在告诉我们，我们应该更好地保护自己，不给他们任何可乘之机。

没有任何一种敌对的关系比破裂了的朋友关系更为危险。这时，我们的自尊开始掺和进来了。我们为自己曾是恶魔操控的玩具而感到羞耻；我们会不惜一切地来证明，我们与之分道扬镳是正确的选择。关于如何与关系破裂的朋友相处我已经在第六章中论述过了。

2

但是在日常生活中，人们经常会遇到尴尬的情况，迫使我们和相互敌对的两方打交道。如果你和其中一方交好，那么另一方自然立刻将你视为敌人；如果你不小心卷入到两方的事务中去，那么很有可能你在他们双方面前都不讨好。对此我想提出以下一点谨供借鉴：如果可以的话，应尽量避免同时和互相为敌的两方打交道。

如果碰到实在无法避免的情况，比如你无法立刻澄清你和一方长期以来的关系，那么你应尽可能不介入到双方目前的争端中去，并且在与之谈话的时候应尽量避免谈到这个话题。这条原则应该特别被贯彻，尤其是在你身边的双方以前是好友，而如今撕破了脸成为敌人的情况下。如果其中一方在你面前抱怨另一方，你应该表现得宽容些。此时的他很有可能因为一时情绪激动而说错了话，可是之后他又和过去的老友重修旧好，或者他们的敌对关系进一步深入，那么那时的他也许会因为你此时的或贬或褒的言语而对你心怀嫌隙。

如果连这种情况也不能避免，那么你要做的是千万别做两面派。我的意思是：千万别在一方的面前说另一方的坏话，也不要因为他想听你也说些指责另一方的话而照做；而应该谨记一条原则，那就是时刻要像一个正人君子那样为人处世。

比两面派更为可耻的是某些人想浑水摸鱼，妄图趁情况复杂成为重要人物，或者幸灾乐祸地要一些卑鄙的手段，使双方火上浇油、针锋相对。

如果你并不十分了解争执的双方，如果他们不是你最亲密的朋友，如果你并不确定，这两方的人是正派且有理智的人，他们之间的矛盾只是由于一些误解而产生并且通过第三方可以很容易得到解决，抑或是看到的是恶毒、自私自利、不依不饶，双方也没有任何可能达到谅解、重归于好，那么我劝你就不要徒劳地在他们之间斡旋了。否则，你很可能与一方的关系恶化，甚至与双方关系都不融洽的概率也不低。

最糟糕的情况就是，你不可避免地要声明你支持或反对某一方的观点。这时，切不可按照人们普遍的做法去依附权贵而抛弃弱势，或者见风使舵，暗中查看谁将是赢的一方，然后再决定抛弃被阴谋诡计陷害的另一方。一个正直的人该做的是不趋炎附势，要大义灭亲，要听命于我们的理智，去支持有理的一方，并且始终支持他。

3

现在我们来说说如何对待那些受病患之苦的人。每一个在受病痛折磨之时得到过别人悉心照料的人都不会反对我对此说些什么的。当然，照料的方式方法要根据病人所患的病症不同而相异，所以对此我并不能提出一个普遍适用的原则。但是大体而言，还是有些规矩可循的。

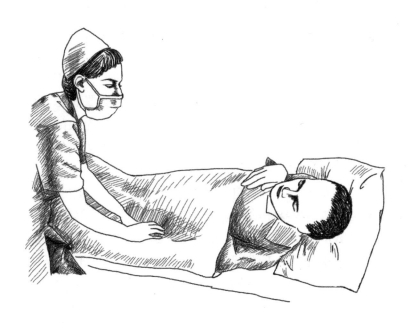

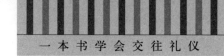

有些病症，人们需要对病人进行鼓励、打消他们的疑虑，并且不时地跟他们聊些轻松的话题，这非常有助于病人的恢复。而在照顾某些病人时，我们只需在一旁安静地护理即可消除他们的病痛。所以，人们要进行观察和区分，哪一种护理的方式是可行的。

我承认在患重病时，花钱雇请的看护会比好心的朋友护理得更周到。雇请的看护凭借他们的经验给病人周到的护理，并且极其耐心、从容、准时。但是他们不大会顾及病人的情绪，也不会感受病人的痛苦。而身边朋友过度的殷勤周到有时则会令我们感到受累，特别是当病人的神经比较脆弱的时候；并且他们不是十分懂得看护的知识；他们会不停地发问，使得我们非常不耐烦；有时我们所受的疼痛会由于从他们眼中折射出来的过多的同情而更为剧烈。另外，因为我们生病而连累他们，在我们对一些事情不满意时怕伤害到他们的感情，这些都会加给病人不必要的负担。因此，如果人们想要亲自照顾他们的朋友，那么就请他们模仿专业看护的做法，尽量不要使病人难堪，并且完全按照病人想要的那样去做。人们是不会因为病人的情绪不稳，容易动怒而生气的。因为我们感觉不到病人的真切感受，不知道他们身体的病痛是如何磨折他们的精神的。

人们不应该在病人面前夸大病症的痛楚，特别是对于那些非常敏感并且个性软弱的人，这会使他更为焦虑。

人们不应该向病人提及哪怕在他没生病的时候也不愿意听到或者看到的东西或者事情，以及家庭的尴尬、死亡，还有一些他不能参加的有趣活动。

那些自以为得了病的人，我们既不能嘲笑他们，更不能试图说服他们相信自己没有病，因为那会起到正好相反的效果。但是，我们也不能任由他们继续愚蠢下去，而应该在冷静的劝说无效的情况下，对他们采取置之不理的态度，不回应他们的诉苦；如果他们的病源于情绪，那么就尽量转移他们的注意力。

也有一些人认为，只要自己装病就能引起别人的注意。这是十分低级的错误。精神与身体的衰老也许能够在女性那里得到正面的回应，但是对于理智的人来说却不是那么一回事。人们应该试图说服他们，不要再犯这样的错误，他们要引起的应该是人们的赞赏而不是同情，没有什么会比一个身心都非常健康的人给别人留下更为深刻的印象了。

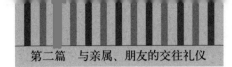

最后，对于那些精神上的疾病比之身体的不适更为严重的人，心灵的歪曲更增添了他们的痛楚，并且康复的过程也十分缓慢，对于他们，我们应该全力以赴，唤醒他们心中已逝去的愉悦感、勇气、安慰和希望。

4

对于那些命运坎坷的人，我们应持更为谨慎关爱的态度。例如，那些遭受了不幸的人、穷人、饱受折磨者、被驱逐和被歧视的人、误入歧途的人及遭受重创跌倒的人。下面，我将对上述的每一类人都简略地谈谈。

如果上天让你有能力帮助穷人，那么请关怀他们，减轻他们的痛苦。不要拒绝在你家门前祈求帮助的可怜人，不要吝啬给他们施舍，无论多少都是一份善心。另外，正如我以前所说，请您在施与的时候注意自己的措辞，使自己行为得当，不伤害他人的自尊。不要去盘算你帮助的那个人，他的不幸是不是他自己罪有应得。严格算来，世上又有哪个人能说，对自己遭受的痛苦完全没有罪过？可怜之人必有可恨之处，请你不要给出任何空洞的托词。不要让你的仆人用各式的理由或空话来敷衍这些穷人。至少你要为你的铁石心肠、粗暴地拒绝向你请求帮助的行为做出辩解，亲自对他讲明并且友好地解释，你为什么不能够或不想帮助他。你应一开始就言辞有礼，不要等到他用不停地乞求来软化你的心。在施与时你不应挥霍，而是要让自己的行为得当，不向有手艺的人和游手好闲的人滥施恩惠。如果你对这些人施舍，那么这是对那些老弱病残和因为意外造成不幸的人的不公平。必要时，我们应在给予施舍的同时，也给对方一些精神安慰，比如一个友好的建议和同情的眼神。对那些家庭状况不好的人，我们要格外体谅。他们一般都非常敏感，容易认为别人不尊重他们，以为自己因贫困而受到他人的歧视和冷落。可惜金钱总是对每个阶层中的某些人有着巨大的魔力。千万不要和这些人为伍！要公开地尊敬人格高尚的穷人。即使你不能改变他的境况，也请尝试至少给他一个愉快的眼神。通常不幸的人爱怀疑别人，并且认为每个人都在针对自己。试着让他们消除这种猜疑，努力去获得他们的信任。

不用收回你悲叹的眼神，不要逃出那些家徒四壁的房子。为了能够设身处地地感受不幸的人们遭受的痛苦，人们必须熟悉世界上一些贫穷的景象。穷人在隐匿的藏身处叹气，他们不敢跑出去寻求帮助，因为意外的不幸让曾经看到过好日子的勤奋的男人又跌在了地上。许多日复一日、兢兢业业工作的老实人挣的钱还不够对付饥饿和疾病，他们在条件恶劣的避难所里整夜叹气无法入睡，羞愧的泪水流过了拧在一起的双手。行善者，你们看到这些凄凉的景象了吗？你可以把多余的钱投向这里，像创造者对你施恩一样，从中获取没有一家银行可以保证的利息。

没有钱的人也就没有底气。他担心到处被冷落，觉得自己必须承担任何耻辱，并不敢大胆地表现自己。请你去唤醒那些遭受压抑的人！如果他值得尊重，就请尊重他，并说服你的朋友也这样做。

有些人却遭受着比贫穷和匮乏更可怕的痛苦——心灵的折磨，它正侵蚀着孱弱的生命。请关心这些痛苦不堪的人，试着让他们振作，让他们心中充满希望，去安慰他们，抚平他们心中的创伤。如果你不能减轻他的负担，那么至少请与他一起分担，陪他流泪。你与他们相处的方式应遵照理性的原则。有些痛苦，依靠哲学也无法解决。在这种情况下，同情就是最好的一剂良药。有些忧愁必须随着时间的流逝慢慢地消失，有些折磨只有在向别人讲述时才会减轻，有些苦痛只有在独处时才能缓解，而有时人们又必须倾注强有力的说服，唤起对方的勇气和自信。是的，有时人们需要力量才能赶走自卑和绝望。我们应当智慧地在不同的情况下选择不同的方法。

不幸的人总喜欢聚集在一起。他们大部分时间不是在互相安慰，而是在互相哭诉，在忧郁和绝望中越陷越深。因此我要警告和建议每个备受折磨的人，如果他不够理性或者没有别的事情能分散他的注意力，以至于他都不能承受自己的状况，那么请选择和一个明智的而非无病呻吟的人做朋友！这样，他可以转移注意力到别的事物上，而不是总沉浸在悲伤里。

有些人忧郁的诱因不是悲伤，而是生气，好吵嘴，甚至是恶毒阴险，以至于如果事情并非按照他们的意见运转，他们便会让无辜的人承受罪责。高尚的人会因经受痛苦而变得更为平和。即便是那些因为遭受

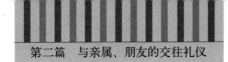

命运的打击而仇视人类的人（如果他底子不坏），也会变得抑郁孤僻，按照他的性格，可能还会变得急躁偏激。但是他决不会向别人吐露自己的痛苦，越痛苦，他越是不愿意说。

　　人们应该尽可能地去关心那些受压迫、被歧视和迫害的人，并且尽量不去伤害他们。从积极地帮助和挽救正直的名声而言，这不仅是义务，而且应该被人们制定成法律。在社交生活中，那些收入微薄的人总是容易被忽略，被一些肤浅的人瞧不起。等级的高低和外表的光鲜超越了人内在美的价值，空谈家的声音甚至盖过了智者。在这样的圈子里，好人却只能无语地、尴尬地站在一旁，无人理睬，被大家蔑视和嘲笑。我们应该将他从角落里拉出来，通过尊敬友好的交谈让他的心情好起来。只要人们给他机会展示他的长处，让他能以平等的身份加入到谈话中来，人们就会惊奇地发现，他与原来是如此的不同。我内心总是对某些参谋官对待年轻人的方式很生气，这些年轻人正为了能成为和他们一样的人刚迈出了第一步，比如那些大家族的家庭教师、贵族妇人雇请的聊天消遣的女伴、某些机关里的审计员以及一群城里小姐中的农村姑娘、在宴席中被分派与一群矮胖的教会人员同坐的候选人，还有与一群顾客相周旋的年轻的商家伙计。要是我有能力，我真恨不得把所有这些备受傲慢之苦的人解救出来，如果他们被晾在一旁，我会接受他们，主动和他们搭话。

　　然而有一点很特殊，这一点我在某些场合经常能感受到，那就是幸福的人总是被猜忌和妒忌。阴谋诡计在把一切优越于它的事物摧毁之前不会停止。然而，在一个人还没有被完全打倒之前，就有另一些人，即那些迫害他的人，已经急于从他身上谋求利益了，即便他们本身根本不会因此而变得优越。从这个角度也许我们可以这么说，只要还有人与你为敌，那么就说明你还不是这世上最一无是处的人。

　　在所有不幸的人中，最值得同情的应该是那些误入歧途的人。他们也许是因为一步错而步步错，以致道德沦丧、行为不端，丧失了所有对人及对自己的信心，失去了寻找出路的勇气，至少他们甘愿陷得很深。我认为他们最值得同情，是因为在他们最痛苦的时刻我们并没有给以安慰，相反，我们认为他们是自作孽不可活。这些不幸的人不仅值得我们同情，也应得到谅解和宽恕，甚至还有我们的援助。要是我

们不带任何偏见并且足够明智与宽容，我们会发现其实脆弱的心灵是那么容易受到误导。在充满诱惑的情境中，在热烈的情感诱导下，某些刺激显得那么的不可抗拒，某些不道德行为又是那么的令人头脑发热。有时它们甚至披上哲学的外衣，通过诡辩让内心有着良好信念的人哑口无言，然后让他们成为欺骗的牺牲品，并一步步地把他带入罪恶的迷宫。人们知道，怀疑和厌恶能生成敌意，让一个好人变成一个恶棍和罪犯。不公正的和卑鄙的猜疑能使他转变为人们误认为的那样。而后人们捶胸顿足，坦白招认大部分情况正是在自身内在的原因和外界诱因的共同作用下，才导致了某些人的堕落。认识到这一点，我们就不会再那么严格地审判了，不会再执意地坚持我们的道德了，因为我们的道德只是情绪的游戏、偶然的成品。我们将会接受那些堕落的人，向他们伸出善意的双手。但是，这是不是自欺欺人呢？我的内心逼迫我对此说点什么。没有什么比冷冰冰的道德说教更不起作用的了。很少有品行不端的人对他们所践踏的义务不恶意中伤的。不幸的人需要的不是言之凿凿的教诲，而是充满善意的劝说。如果你更重视后者，那么请你学会这一技巧，将你的说教融合在一个能打动人心的说辞里，以此来获得你要谴责的那个人的认同，不仅仅是头脑的认同，还包括心理的认同。你的劝说必须晓之以理、动之以情，能让你面前的这个人尊重你，听从你的教诲，能让他热切地想回归正途，能让他预见到你给予的建议能给他带来的荣耀与愉悦，能让你的建议成为他的必需。但如果你在他面前扮作一个骄傲严肃的法官，用冷冰冰的说教让他备感无趣，那么你是不可能说动他的。因为发生的事情已经发生了，不可改变，不会因为你的"要是你能听从我的话，那么……"而时光倒流。没有什么比公开的蔑视和对人格的质疑更能使一个原本一心向善的人变得卑劣了。如果我们诚心挽救一个人，我们就应关怀他，至少表面上要表示出对他充满无比的期待，对他回归正途的决心充满希望，并给予他理解。告诉他一旦他踏上了正途，在面对诱惑的时候他一定比那些对危险还不甚明了的人坚定得多。当他真的有所改变，哪怕开始时是被迫或伪装的，我们也要展示出对他的信心与日俱增。只要他不是蠢材，他就会知道他的伎俩是否能骗过你。对他以前所犯的错误不要提出哪怕是最轻微的指责，我们要关注的应是眼前的他。要知道，

立刻摆脱恶习不是一件容易的事，那已经成了他生活的习惯。所以当他有点小的退步时，不要惊诧，要想办法帮助他进步。我们应相信人都有尊严，都有回归理性的能力。只要努力，没人会彻头彻尾地失败！

　　还有，我要提醒那些生活在大千世界里的芸芸众生，不要因为别人的无心冒犯，你们就要让他永远地被排挤出你们的社交圈，人前人后逮着机会就对他冷嘲热讽。你们应该意识到，因为你们的中伤而让别人受到了他人的怀疑。而他的一步一步堕落，最终无处可逃、无人可依，罪魁祸首就是你！

第十一章

如何处理日常生活中的突发事件

1

在过去一些合适的场合中，我曾经提到过头脑冷静和处事从容不迫是处理所有日常工作和事务的必备要求；但是这两样品质在我们身处困境、面临危难之时显得更为重要。在关键时刻，我们命悬一线，能否拯救自己往往取决于我们所做的快速决断。所以，在需要我们快速做出反应的时候千万不要犹豫不决、摇尾乞怜。当你面临将失去一切的火灾或洪灾时，千万要保持冷静，这时我们的命运掌握在自己的手里。同样，在我们突然遭到袭击时，不慌不乱、果断冷静也格外重要。歹徒们往往做贼心虚，他们总是敌不过顽强、无畏的反抗。此刻，一个头脑冷静的人可以对付 10 个这样的恶徒。我们要考虑的是，正面冲突是能成功还是会造成伤害；我们是否该用枪支或是别的武器保护自己；大声地呼救是否可行；是否应该屈服在歹徒的淫威之下，用金钱交换自己的生命。遇袭时该如何行事，一般没有规律可言。但是，为了能在万一的情况下更好地摆脱困境，我建议大家，先冷静地设想一下这样的情况，考虑出一些有益的措施。对于孩子，我们不应该一味地追问他们在遇到突袭时他们会如何行事，教导他们处理各种危机的方法；而应该让他们真实地体验，让他们适应该具备冷静头脑的现实，并且

试验是否成功。我认为，这也是教育很重要的组成部分。

2

我曾经表达过这样一个愿望，希望有人能出版一本能给人提供建议的旅游参考书，比如告诉我们哪些地方要坐车去，哪些地方骑马去更合适等等，而不是我们常见的一味描写旅行见闻的书。在一本介绍如何与人交往的书中你只能找到很少一部分与此相关的资料，当然我也不能在我的书里完全不提及此事，因为旅行毕竟还是属于人和人交往的范畴的。所以这里会有一些单元专门讲解旅游时的行为规范。

通常人们在出门旅行前会通过书籍或其他人的口述准确了解他们想走的路线，关注正在旅途中的人或他们想拜访的当地人的行为，以避免交些不必要的"学费"，这样他们既不会被骗也不会陷入窘迫，错过一些值得看的旅游景点。

人们很容易就能粗略地计算出旅行费用，但是我建议您最好准备好比预算多出三分之一的费用，并且在游览主要景点时，在信得过的人那里住宿，或者在遇到未知的状况时，有办法摆脱窘境。

由于在德国货币有很多种类，所以人们在兑换货币时需要比在其他国家更加小心留意。有些马虎的旅馆老板经常会把错误的货币找给游客。

如果你的旅游日程比较紧，那么在某些地方租用马车游览会比较便利。除此之外坐邮车更合适。要谨记的是，在第一种情况下，自己驾马车出行并不会带给你太多的便利。当然有一些风景是很适合骑马观看的，也有一些需步行才能达到最佳旅行目的地。

一般人都习惯日夜兼程，不作中途休息，这便于我们节省在旅店昂贵的食宿费用。也有可能是因为人们通常都急于想早日到达目的地，或者对游览地已经十分熟悉，没有什么新鲜的东西值得停驻。我建议大家尽量多作些有意义的短途旅行，而不要一味追求那种除了能让你熟悉马车夫之外毫无他用的长途跋涉。

在旅行途中，只要我们认真观察，是能够很容易地扩充人文地理知识的。你会发现，贵族阶层在所有的欧洲国家和地区都是相似的。但是，主导一个国家人文风貌的却是这个国家的中产阶级。所以，人们在评

价某个国度的文化和文明程度时必须以他们为衡量对象。

在德国，并不是所有地区的马路和邮政设施都是建设得一样好的。所以人们在出行之前就必须仔细考虑出行计划，特别是当我们想尽快到达目的地的时候。

在旅行时，人们还需要有耐心、勇气和幽默，切忌旅行时还一心惦记着家里的烦心事。这样，人们才不至于因为在旅行途中遭遇的小意外和困难、糟糕的天气和昂贵的费用等被搞得兴致全无。最理想的是有一个好旅伴，因为没有什么会比身边坐着一个要么闷闷不乐，要么大发牢骚的伙伴更扫兴的事了。他还很有可能会对旅馆提出诸多要求，就好像住在家里一样。

旅游能帮助我们结交朋友，我们可能会因为旅行认识一些此外不可能结识的人。当然，我也得提醒大家要注意自我保护，不要和陌生人单独外出，以免发生不可预期的情况。

我从来不建议大家在旅途中随便将自己的姓名告诉别人，这可能会带来不必要的麻烦。也不要花时间去留意那些不肯说出自己姓名的人。

有些人喜欢在旅行时说说大话，挥霍浪费，把自己打扮得光鲜亮丽在人前炫耀。这种无谓的虚荣心使他们在旅店要花费更多的钱而没有得到应有的价值。他留给人们的印象除了乱花钱之外就没有其他了。人们在旅途中该如何正确地表现自己呢？我们应该举止得体，既不要太讲究也不要太随便，不要让自己看起来很富贵或是很穷困。因为这两种极端情况很容易让别人误会你要么是一个无知的蠢材，要么就是一个别人可以从你身上图得利益的高贵人。

旅行时我们应该穿着舒适，一套笔挺的西装只会让人觉得不舒服和厌烦。

不要在不该省钱的地方省钱，比如在给马车夫小费时不能抠门。因为这种事一传十，十传百，如果你做得好就会有个好名声。

德国的邮政工作人员向来以愚钝著称。但是这也会因为人们与之相处的方式不同而有所不同。尊敬、礼貌和友好的态度有些时候是很能起作用的。

如果你不小心损坏了车上的某样物品，通常情况下马车夫会请城里的手工业者来对损失进行鉴定和修理。但是，往往这些人和马车夫

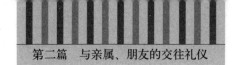
的关系很密切，以至于他们总是夸大损坏的程度，要求你付出高于损失本身更多的钱。所以要是遇到这种情况，我建议大家亲自勘查或者请一个信得过的人来定损。

大部分马车夫都被旅店老板买通了，他们会带顾客去一些条件和服务都算不上好的旅馆。所以不要轻信他们的话，而应该向那些去过那里的人咨询，在哪里可以找到价廉物美的旅店。

旅行中要是遇到寒冷的天气，如能喝点酒暖暖身就最理想了。

随行的仆从要留意邮差在结束赶车之后、骑马离开之时是否有带走车上的摇杆、钉子或者其他的小物品，这种情况经常出现。他们也经常与公路稽查说好，带你们从那些路边的房子门前驶过，美其名曰不想耽误你们的时间，实际上是为了多收道路费，有时甚至会比应缴的费用高出一倍。所以，请那些需要自己支付道路费的朋友特别注意这一点。

在城市里快速驰骋已经成为邮差的习惯，这是他们的工作需要，人们不要对此横加指责。虽然最终马车可能会被折磨得支离破碎，但在城市里它能很快地找到维修点，这总比马车半路抛锚，前不着村、后不着店来得好。如果马车能在石子路面上咯吱咯吱地前进，它就有希望把你安然地送到目的地。

在进行维修或者购买奢侈品之前，和手工业者商定价格是明智之举。

旅店老板若想顾客盈门，最好的办法就是要做到客气有礼、价廉物美，还有伙计们要对客人们服务周到。因为并不是每一家旅店的服务质量都令人满意，所以顾客得有点耐心，少和他们争吵。

如果旅店贵得离谱而且不肯给顾客大的折扣，那么顾客要求索取书面的账单和每份消费的细节说明也是没有什么意义的。这个时候恐怕只能去警局申诉了，因为老板记下的账单肯定比应付的价格高出许多。对此人们又有什么办法呢？比如我们经常遇到这样的情况：某家酒馆的招牌酒是红酒，而顾客却要了啤酒，于是店家故意给了他劣质的啤酒。在这种情况下，我建议大家还是点红酒为好，如果你真的想喝啤酒，那也请你先点杯红酒再要啤酒。

有些旅店故意不清扫壁炉，让它冒出呛人的浓烟，这样顾客就会要求店家把木柴从炉子里拿出来，他们便好赚取这一服务的费用。有些旅馆的床不够长，虽然这很不合人意，　可是真要遇上了，我们也别

无他法。有些旅馆还用深色的被套，让客人觉察不到它的肮脏。如果这时身边有稻草的话，我建议你就用稻草铺床将就一下吧。

旅店老板一般会问我们想吃点什么。其实这是他们惯常使用的一种伎俩，因为如果顾客只是点了一只鸡和一张烙饼，他还是需要付一顿饭的价钱。所以最好的回答就是，我不需要额外的东西，只要您给我来一份店里已经备好的套餐就可以了。另外，我建议您也不要点额外的酒，选择店里备好的普通酒就可以了。其实所有的酒都是一样的，唯一的差别就是我们额外点的酒更贵些而已。

有些同时经营旅店生意的邮局管理员经常使用一种伎俩，那就是当顾客来他这里换马、点一份小餐的时候，他们总是拖延着上菜的时间。当菜刚刚端上桌时，外面的马夫早已把马喂饱洗好，叫喊着要出发了。于是客人只能快速地扒几口饭，可还是要付一整顿饭的钱。所以我建议您，如果您不是有急事缠身，那么还是悠闲点享用您的饭菜，不要落入他们的圈套。

如果您走水路或者想用船只运送货物，可千万不要相信船家应承您到岸的时间。因为他们常常中途停船加载货品，以获得更多的收益。最好的办法就是出发之前就签订合同。

乘马车出行的人，不管有没有同伴都不能轻信旅店的马夫，一定要亲自或是让仆从安顿马匹，让马能不受干扰地在一个干净的环境里得到休息。

在不确定马匹是否可靠的情况下，不要随意地租用马车。租用的马匹一定要健康、身体状况好，已经经过了一段时间的休息可以长途跋涉。有时，出租马匹的商家会借口马匹的性子烈而不让你靠近仔细地观察马，以期能鱼目混珠。您可不要上当！

我还想不厌其烦地强调一些规则，比如即便不是自己的马我们也应当爱惜。如果您想做长途旅行，那么在进出马厩的时候应当缓行，别伤着马。人们经常会在城市的河流上铺设木板，方便行人步行穿越，这样的河道请您不要骑马穿行。这一点很容易被忽略。许多人学习骑马和驯养马，然而如何真正地骑马并不是在道路上学会的。可能某些人会对我在一本教人为人处世的书里说这些而嗤之以鼻。曾经有一位德国的书评家说过，太多的德国作家都犯了同一个错误，那就是他们只想着如何把作品写得更完整、把道理说得更清楚，而忽略了作品的

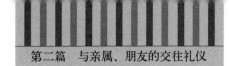

娱乐性。所以我想，您现在应该明白为什么我要在一本教人们如何拥有一个幸福和谐的人生的书里说这些了吧?

步行当然是最舒服的旅行方式。人们可以在途中尽享大自然的美景，可以和各种各样的人相处，观察以前没有经历过的事情。人们可以自由选择最适合的天气和最美风景的路径，任何时候任何地点都可以停留。步行令人强身健体，能使人开胃并促进睡眠。我已经多次步行周游德国，在这些旅行途中我真正接触了德国的美，并选择了理想的居住地。这里有善良友好的居民，我在这里度过了很多愉快的时光。不过我也发现，用这种方式在德国旅行会碰到一些困难。首先步行不允许人们随身携带很多衣服、书本和平时所需的事物。不过我们也可以想个办法，比如把邮差运送不了的东西用邮寄的方式寄到途中我们会经过的地点。其次，大人物徒步旅行可能会引起过多的注意，接待的旅店老板也会紧张得不知道该如何招待他们。要是穿得比普通百姓好些，也许我们就会被怀疑成可疑人物、冒险家或是大财主。人们会避开你，你也融入不了他们的圈子。要是穿得差些，就又会受到粗鄙的对待，人们还会怀疑你的经济状况，然后你必须不厌其烦地解释你是谁，你为什么没有驾马车出行等等。徒步旅行最好是有个通情达理且脾气随和的人相伴。

旅行途中经常要问路。当农民给你指点一条捷径时可不要轻易地去冒险。正如他们对旧习俗特别坚持那样，他们也特别相信父辈告诉他们的事情，即使是一条连他们自己都没有亲自走过的路。

清晨出发的时候最好喝一杯水。当你走累的时候喝点咖啡吃点面包可以补充体力，偶尔来杯酒也不伤身，但是白兰地只会让人更累更疲乏。

尽量不要在沿街的树下休息，因为那里通常是乞丐的地盘。

穿行树林的时候，最好沿途用树枝做记号，方便回来认路。一定要带上武器，哪怕是一根棍子，关键时刻都能帮上忙。

3

现在来谈谈喝醉酒的人。酒可以让人兴奋。如果人们喝酒并不是上瘾，而只是为了使心情开朗、为了忘记一些不愉快的事，那么我并不反对。我自己也有借酒浇愁的经历。但是以为喝酒能解决问题就不

理智了。如果白天和难缠的客人做成了生意，那么晚上和他们一起出去喝一杯也是在情在理的。

不同性格的人喝了酒以后的反应也不同。有些人会很兴奋，有些人则会变得很温柔、很真诚，还有的会很多愁善感、昏昏欲睡，有些则很聒噪、喋喋不休。你最好能避开最后那种人。但如果真的避免不了，那么千万不要在他们喝醉的时候反驳他们。千万不要相信喝醉酒的人许的承诺。要加倍地小心，别在喝酒之后做出放荡的行径。也绝对不要在别人喝醉酒的时候乘虚而入，叫他许下承诺或趁机挖掘隐私。另外，也别期望能和醉得不省人事的人商谈事宜。

4

现在来谈谈帮人出主意这回事。当有人请求你给予建议时，先考虑一下是否有必要对他直言你的看法，他是不是真诚地请你给出指导。如果他自己已经决定了取舍，或者要求你批评指正或是赞扬奉承他时，不要上他的当。这种吃力不讨好的事情是做不得的。你无须对别人溜须拍马，说些没用的话。相信能有方法拒绝别人的这种请求。特别是关于结婚这件事，千万不要随意地给人建议！

另外，当你对某事已下定决心，希望能得到支持和赞扬时，就不要再去询问别人的意见了。

5

我注意到，人们在跳舞的时候经常表现不出他们优秀的一面。因为每当血液沸腾的时候，理智就无法再掌控情感了，各种坏脾气到时候都会公开。跳舞也是一种让我们陶醉的形式，能让人忘记一些性格的缺憾，好过那些没有什么要隐藏的人。跳舞的这些利害规则使我不考虑去参加那种场合。受过教育的人不需要这些，男人不需要借此炫耀自己，而女士们也不需要去展现身材和魅力，他们的举止都很礼貌。而事实上你如果不去观察这个世界小的细节或者忽视了它的存在，那么你可能什么也得不到，而且一生都会觉得幸运和不幸在左右人生。

第三篇

与不同身份地位的人士的交往礼仪

引 言

　　根据我在本书第二篇的引言中所提到过的观察事物的规则，我决定解释在日常生活中来自不同地域和有着不同社会背景的人们之间的交往规则。请允许我以与大人物的交往规则作为开头。

第一章

关于与世界上的大人物、侯爵、出身高贵的人及富人的交往

1

　　如果人们断言，所有侯爵、所有显贵和所有富人都有同样的缺点，即他们中许多人都很高傲不合群、冷漠，对于他们来说不可能会有真正的友谊，在日常生活中很难跟他们相处，那么人们就没有公平看待他们。但如果人们说他们中的大多数人有以上这些缺点，那还是有可能的。这些大人物在受教育时就有道德上的堕落，从小就听惯了阿谀奉承的话，由于别人和自身的原因而变得娇惯。因为高高在上的地位使大人物们有某种缺憾和需要；因为他们极少陷入困境，所以他们就不会懂得：一个人对于另一个人来说多么不可缺少；在这个世界上一个人承担一些艰辛劳苦是多么不容易；有一颗关怀同情的心灵是多么美妙；爱护他人，以后也能得到他人的帮助是多么重要。以上这些大人物是学不会的，因为人们出于恐惧，而不让他们觉察到自己讨厌他们，

这种现象正是这些大人物自身的缺点和不足造成的。他们把自己看作是天生更优越的一类人，认为自己的阶层是掌控和统治下层阶级的，他们自私、爱慕虚荣、喜怒无常。绝大多数的显贵和富人几乎都有以上提到的缺点，要想认清这点的先决条件就是与大人物进行交往。如果人们遇到他们中的一个人，这个人具有某种骄傲，更具高贵文雅的气质和宽容，有更好的文化素质，这些优点无疑是因为受到先进良好的教育而得来的，这个人具备个人所应具备的全部优良品质，那么会让人们觉得与这个人相处更舒服。即使在诸侯中也存在这样的人，但这类人却是难得一见的，他们跟所属阶层中的其他人不同。站在报刊编辑和记者的立场上我建议，不要过度地渲染这些。我常看到这样的情况：受到大家钦佩的作为人类行善者的人和作为整个民族的所有善与美的促进者是如此无足称道、如此渺小、如此令人同情。看到这种现象我就很悲伤。最好的侯爵很可能就是那些不管在好的方面还是在坏的方面最少被人们谈起的侯爵。

2

根据人们对大人物和富人的依赖程度不同，与他们的交往肯定也不一样，人们在这种情况下不能总是心里怎么想就怎么做，也必须对一些人保持沉默，容忍一些人。尽管一个刚毅正直的人不会凭借自己的机智灵活去奉承别人，但人们也不能轻易对他说出真相。一些小状况和一些细微之处会改变这种情况，因此我在接下来的内容中将总结与大人物交往中的所有规则，读者可以在不同的处境中选择使用不同的交往规则。

3

有一句在任何情况下都适用的话就是：如果你不想被地位显赫的人和富人看不起，就不要一厢情愿地加入到他们中间去；如果你不想令他们讨厌你；不想他们避开你，就不要有事求他们而去纠缠他们，而是应该更多地让他们来探访你，你自己却很少露面，但所有这些你都要表现得很自然，没有半点被迫的样子，不要表露出自己的动机。

4

不要试图装出一副你属于显贵阶层的样子，也不要好像你跟他们的关系很密切。不要因为你跟那些显贵是朋友，你跟他们有信件来往，也不要因为那些显贵信任你，或者你跟他们相比显出自己的优势而向别人炫耀。如果说这种与显贵们的关系是件好事的话，我就觉得，人们已经了解了我所要阐述的与大人物交往的基本原则了，其实人们心里在为这不算好的好事暗暗感到高兴。也有这样一些人，他们希望别人把他们看成是社会上的大人物，有着崇高的地位。这种人会不惜花血本也要把显贵们和富人们的奢侈品买回家，或者他们会拼命加入显贵的社交圈子，在这个社交圈子里他们扮演的是低三下四的角色，永远跟在别人后头跑，没有半点乐趣，而在此同时，他们完全忽视了与另外人进行富有教育意义的交往，他们也由此疏远了与好友和智者的关系。即使是最吝啬的人有时也会慷慨大方，只要他一有机会与大人物接触，为了能款待一次侯爵，就是挨饿几个月他们也愿意。而那些大人物却全然不知这些吝啬的人所做出的牺牲，也不会对此表示感激，并且有可能觉得与他们相处很无聊，觉得他们那么做很小市民气，甚至在半个月后连请他们吃饭的主人的名字都不记得了。不要放弃你自己做人的原则，不要否认你所处的阶层、你的出身、你的受教育程度，因为这样做很可能会遭到地位比你高的和地位在你之下的人的鄙视。

5

人们不要太相信绝大多数大人物的慈眉善目，当一个友善的人笑着看我们，跟我们握手或与我们拥抱时，也不要觉得这是荣幸。在这个含笑的眼神中有可能是他们需要我们的帮助，一旦这种眼神消失，这些大人物还是会看不起我们，至少也是冷漠地对待我们。他可能全然不认为自己是友好地对待他人，他的表情变化之快就像是在换衣服一样，大人物会表现出看似友好的眼神说不定是他们正好闲来无事无意中流露出来的，或者是他想借此来侮辱他的另一个奴隶。人们跟这类人交往应该把握尺度，尽可能跟他们保持距离，要注意区分是大人物表面的礼貌还是

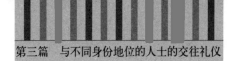
他们内心对他人由衷的敬重，是人们自己的原因而造成这种区分不清晰，当然大人物也更应该谦虚地对待他人。但是迟早他们会突然想起他们的地位应该在别人之上，或者是当他们身边又多了一个溜须拍马的人时，大人物就会忽视我们，这样人们又要遭受难以忍受的侮辱了，不过如果人们小心谨慎，还是可以避开不受这种侮辱的。

6

在为那些手中掌控着你命运的大人物做事时，不要超出自己的原则底线。对于一个在势力较弱的诸侯那儿做事并想谋得晋升机会的求上进的穷人或好胜心很强的年轻人来说这是一个极大的诱惑和考验，他是否应该尊敬诡计多端的官员、管事的宫廷侍从和专横的追求者，如果他不尊重这些人，那么往往都不会有好结果。这种在诸侯那儿得宠的人迟早都会堕落而且他们的手下也不会有好下场。如果人们为了他们所尊敬的人而自我牺牲就得以换来最大的好处，这样是极不值得的。相反一条光明正道却能给人们带来虽然不是见效很快的成功，但却是持久的幸福。

7

不要被大人物们利用去干一些肮脏的勾当，在为他们做所有事时也要格外小心。如果我们一旦表现出对大人物们不是那么鞠躬尽瘁，他们立马就从我们做的每件事中找出我们应负的责任，并因此认为是因为我们的失职而造成的对工作的疏忽。但他们不会轻易忘记，人们为他们所做的。有一次我得到了一个机会，为一个具有高尚品质的人用法语和德语写些文章，这些文章是他为了吸引人们注意力而想在特定情况下公开朗读的。他对我说："亲爱的，我没有时间，否则我也不会来麻烦你，当然在写这些文章方面，你比我熟练多了。"当我花费了很多精力和时间完成了这些文章并拿去给他时，他就把我拥入怀里，用最温柔的口吻感谢我，并且拍着胸脯担保说我的文章是用于演讲的杰作。但是他又马上恳求我不要向别人提起我为他所做的事，好像我只为他做了件微不足道的事。几年以后我又去拜访这个人。他却向我讲述他的荣耀，这使我备感

耻辱。他继续说道："通过阅读一些我以往所写的回忆录，促使我写成了这些文章，你可以尽管拿回去看！"从他手中接过了我自己写的文章，可是这些文章他却说成是他写的，我把这些文章带回家并把它们连同我写的初稿一并寄还给了他。他应该会有一点羞愧，我因此常拿这件事开玩笑。尽管是这样，这类人还是大人物中最好的一类。

在任何情况下人们都要保护自己避免被卷入危险的纷争中。这些大人物经常会使用这样的伎俩，要么当计划失败时他们把责任推到我们身上；要么根本不让我们参与其中，而当事情进展不顺利时，却又把全部责任都推到我们身上。在我还是莽撞青年时后一种情况就在我身上发生过，我就不在这里详细讲述了，因为我写这本书的宗旨是，不掺入名人轶事，如果我叙述了这件事，只会使某人的名誉受损。总之，人们是不喜欢别人揭露他们秘密的。这些大人物会保护知道他们秘密的人，不过当他们想避开他时，这种保护也就停止了，而且他们也害怕知道他们秘密的人的，只要他们一有机会，就想方设法摆脱他。不过人们也向大人物清楚地证明了，人们是不会利用大人物的秘密和他们的信任来威胁他们做任何事的。

8

总之，人们不应该轻易相信大多数显贵和富人的感激和他们的承诺。也不要为他们做任何事，因为他们根本体会不到其他人的价值，他们甚至认为其他所有人都应对他们负责，因为人们破坏了他们原本宁静的生活，或者人们只想从中获得一点小小的好处，他们认为这也是对他们利益的损害。也不要送这些大人物任何东西，因为这相当于是把一滴珍贵的香脂膏滴入一桶污水中。我收藏了一幅名贵的古油画，一位著名的画家鉴定这幅画价值连城。卖掉这幅画获得的钱财的一半对于我当时的家庭状况来说犹如雪中送炭，但是我却没有那么做，而是冲昏了头脑把它赠送给了一个显贵，并且他也接受了。我这样做根本没想以此索取什么，一部分原因是想向他表达我对他的仰慕之情，另一部分原因，是因为我有求于他，这是他曾向我许诺过的，我希望他每当看到这幅我送他的油画时，就想起对我的承诺。但是这根本不可能，

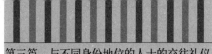
是我自己在骗自己。当我再次去拜访他，他款待了我，并向我展示我送他的珍贵油画，全然忘记他对我的诺言。一年以后的某天晚上，我同一位公使又来到他家，他向那位公使展示了挂在他陈列室里的珍品，在我在场的情况下，指着我送他的古油画对那位公使说："这是真的古油画，但是我却不费吹灰之力就得到了它。"他已经忘记，是因为有了我，他才轻而易举地得到了这幅油画，希望消失了，我也会为失去的钱而感到心痛，那些钱够我们全家生活好一段日子呢。

我建议人们不要借给大人物很多钱，也不要向他们借很多钱。在前一种情况下，他们不仅把债权人看成是放高利贷的人，认为这种人把钱借给他们是为了给自己赢得荣誉，而且人们经常会碰到这种情况，他们会拖延还钱期限，因为他们大部分是乱花钱的，而且不像他们所应该的那样善于理财，当然人们有权向他们要债，但会很吃力，有时还可以联合起来向他们讨债。而在另一种情况下，就是当人们向他们借钱时，人们就要做好为他们做牛做马的准备。

9

不要为大人物们和他们的孩子的堕落腐化推波助澜。不要去奉承他们。不要助长他们嚣张的气焰，不要让他们因此而变得更加贪图享乐、好逸恶劳。不要让他们觉得他们生来就有优越感，生来就享有统治权。别说谎，不要否定事实，虽然事实往往是残酷的。要坦白直率，但不可鲁莽，以至于把自己都毁掉了。关心照顾那些被冤枉的无辜的人，这样做你要小心，在自己的能力范围内帮助他们，但不要去激怒他们的敌人。帮助支持那些胆怯的、贫穷的、谦虚的或是沮丧颓废的来自低下阶层的人去实现愿望，为他们赢得声誉和为他们合理的请求争取好结果。值得注意的是，一个睿智的受人尊敬的人的言论对这些人有着什么样的影响？不管是好的言论还是坏的言论，都对他们有着深远的影响。他们总是把一切都解释为是他们自大所产生的好处，那别人可以影响他们到什么程度呢？结果还不清晰。

人们要避免与大人物们谈论那些自己还不清楚的计划和项目，当人们用空洞的语言谈论这些计划和项目，认为它们切实可行，这样做一部分原因是人们害怕把他们引入理解的歧途，特别是当大人物们一知半解时，或者是当他们马上要实施这项计划或这项工程时，另一部分原因是如果这项计划或项目没有取得预期成功时，他们就把责任推到我们身上。这里就有一个小例子：我记得，有一次我跟一个王子谈论一块架在花园房上的屋顶，它又要被拆下来了，因为这屋顶太重了。我马上想起，我听一位法国的工程师说起过：人们可以用一大堆涂上焦油撒上砾石的蓝色糖纸制做出质轻耐久的意大利式的屋顶。我把这种说法顺带告诉了这位王子，也没有赞同这种说法。很久以后我才知道，这位王子做了这样的实验（谁知道是怎么做的呢？），但是最终实验失败了，他明确表示：克尼格（即我）一个人策划了这件事情，人们也应该要全心全意投入到这次实验中去，光凭克尼格（即我）一个人的力量是不行的。

总之，人们在跟大人物交谈过程中必须处处小心。因此，人们当着他们的面不应该对其他人做出任何不好的评价，不应该说任何诽谤别人的话。如果说了什么，大人物们会记下，那么后果常常会很严重。首先人们会因此而看不起自己，同时也被别人鄙视，因为他们会嘲笑、憎恨诽谤者和揭别人短的人，但是其实他们也是这样的人（不过他们却极力压制这种缺点），因为他们看不起其他所有人，所以这种揭露别人弱点的行为使他们更看不起别人。此后他们偶尔会滥用我们的名号，盗用我们的想法使我们在别人面前出丑，或者跟其他人一起对我们穷追猛打。最终人们也不知道，那些人们对之有坏印象的人的命运是否掌握在他们手中，因为人们很惊讶，当知道一个无意中说出恶意的词在别人心中会如此根深蒂固，事后很久还会有因为这个词而产生很坏的后果。好的事物会因为有一颗冷漠的心而变坏，相反坏的事物不容易起变化。如果读者们不厌倦，那我就举一个非常特别的例子。如果在谈话中涉及更高层阶级那就要特别小心。虽然这些大人物不太喜欢聚在一起，但他们也会因为各种兴趣爱好被分为好几个社交圈子，他们也不愿意听到任何对特权阶层不敬的话。此外，显贵和富人喜欢在愉快的气氛中交谈。

如果你没有注意到他们的偏好也不要紧，但你不要因为钱而在他们面前扮小丑，不要成为他们招之则来，呼之则去的小丑。

11

在绝大多数大人物心中都充满着猜疑。他们总认为别人会联合起来对付他们。因此他们不喜欢与听命于他们的人成为朋友。谁不想跟诸侯显贵建立关系，那他可以完全置身事外，根据自己的愿望与别人建立关系，总之没有一个正直的人会因为微小的利益而与保护他们、在经济上援助他们的人反目，也不会忽视正直的朋友，更不会把一个能力与自己相当的人拒之千里。谁想在官场上得意，就要谨慎选择自己的交往对象、可以信赖的朋友和社交圈子。在官场上总是存在帮派之争和阴谋诡计，涉世未深善良的人很容易就被卷入朋党之争中去。当一派战胜另一派时，往往最无辜的知情者会遭殃。在我身上就发生过这样的事，我已经很小心行事了，但最后还是懊恼地承担责任，因为人们觉得我跟那些人走得很近，所以肯定知道些什么，事实上我一无所知，也没有能力阻止它们发生。人们应该把我这种沉默看作是我的功劳，因为我没有把任何相关的事情透露出去。通过思考人们应该可以得出以下结论：我是自由人，对此不需要负任何责任。但事实上人们却不那么做，所以我提出几点重要的劝告建议：在官场上不要加入任何党派斗争，而要走正道，不要去关心那些不直接涉及我们的事，礼貌对待每一个人，要谨言慎行。

12

不要跟大人物谈论关于你私人的一切事情；不要向他们抱怨你的困境；不要向他们倾诉你心中的苦闷。他们不会对此感兴趣，甚至会觉得无聊，对于与他们的交往也毫无益处。你的秘密在他们看来不算什么秘密，他们总认为人们应该有求于他们，而他们却看不起不幸的没有人身自由的人。从小这些大人物就觉得每个人都觊觎他们的钱财和地位，他们看我们的眼神就好像我们在寻求什么，想从他们那里得到什么似的，这种眼神与之前完全不同。人们公平地对待我们，他们惊讶于我们的天赋、

渊博的知识、我们的宅心仁厚、良好的品质，只要我们不要以这些以上提到的优点作为资本要获取什么；只要我们不要以陌生人、自由人的身份给任何人造成麻烦。但是如果我们要以自身优势充当大人物的走狗而谋取什么，那么人们就会加强对我们的监视和控制。要让显贵和富人们意识到我们根本不需要他们；向他们说明某个事实时要采取巧妙的方式，同时不炫耀自己的本事；要让他们感觉到需要我们的帮助；要让我们敏锐的洞察力、聪明才智、坚毅的性格和正直的品质引起他们对我们的尊重，而不是让他们害怕我们。以上情况最好是发生在跟显贵和富人的交往中，这样他们才会器重和照顾我们。

13

远离那种自以为有很好理解力、机智、有崇高的品格、博学多才、有艺术气质的大人物；避免在别人在场的时候明显地表现出，你是有意

要超越他、忽视他、使他难堪的。这个事实只能由他自己来体会，只有他自己知道。总之，在这件事上要加倍小心，特别是与那些在专业技能方面没有你好的上级相处时，这点要加倍注意。他们欣赏你良好的理解力，他们似乎想要考验你，让你学会怎样抓住时机出售自己的商品。如果直接反对他们，那你就没有好下场。他们会把你的生活搞得一团糟。他们会要求你做许多连他们自己都没有能力完成的事，这样他们就能把责任归咎到你身上了。

14

很少有人能向大人物提供帮助，这点人们可以毫无顾虑地证明给他们看，并且人们也根本就不必认为奉承他们就能满足他们的要求。那些畸形的天之骄子从小就习惯于人们在每件小事中顺应他们的意思，以他们的审美观作为准绳，极力推崇他们的兴趣爱好，拒绝一切因为他们的偏见和幼稚而讨厌的事物。即使是这类人中的优秀者也不能完全摆脱这种习性和脾气。如果人们想要给一个正直高贵的诸侯留下好印象的话，就得事事迁就他；或者当我们乃至于我们家庭的命运都掌控在他手中时，谁会不屈服于他，不听他的使唤呢？例如有些诸侯的后代说话很快且含糊不清，他们不希望人们因为没听清楚而提问，而是要求别人马上明白。当然如果这些大人物在小时候就改正他们的坏习性是最好不过了，但现在看来是不可能的了。或者他们喜欢马、狗、各式各样的玩具小兵、戏剧、烟斗、图画、小提琴，喜欢作曲、建筑、园艺、成立各种学术协会和博物馆等等，表现出自己的专长有什么不对？人们不应该忽视他们的兴趣所在，不该在那方面超越他们，即使能够超越他们是显而易见的，也不要表现出来，因为他们经常做一些自己都不理解的事（就比如一个造诣颇深的作家和一个无知的艺术赞助商之间的交往往往被长篇累牍地记录下来），有一些特定的衣着服饰、行为举止、说话声音、风格和笔迹等等。对此大人物有自己的看法，如果人们不想得罪他们就顺着他们的意。一旦产生负面影响，人们就应该立即结束这种对大人物百依百顺的行为，如果因为人们对大人物们的纵容而增加了他们的自私心理，从而放弃严谨行事的态度，不公平不宽容地对待他

们的手下或者他们的配偶，那么大人物的心必定会变得冷酷无情。

大多拥有权力特别是拥有统治权的人的配偶都有去国外旅行的爱好。我不支持有这种做法的诸侯，他们往往在熟悉了解自己国家之前，就四处旅行，不去关注威尼斯的狂欢节和英国的赛马，而把精力更多地放在许多莫名其妙的事物上，为此不知道消耗浪费多少人力、物力、财力和精力，最后他们往往挥霍得一干二净，空手而回。

15

诸侯、显贵和富人往往要地位比他们低下的人迁就他们，这些大人物会向他们咨询意见，或让他们评价自己做的手工艺品、书法、制定的计划、对事物的看法等等。我奉劝大家要小心，以前发生过这样的事，一个红衣主教要求一位下属说说人们怎么评价他的布道，这位下属因向红衣主教提了意见和忠告而遭到了不好的下场。像所有其他人一样，当大人物要我们评价以上提到的事物时，我们应该赞赏他们，也不要提任何建议，除非你知道他们决定要做些什么。

16

有这样一类人，他们并没有因为受了良好的教育而不犯错误，但他们却是善良的。即使与这类人交往也别严重违反小心谨慎的交往规则。如果人们与地位显赫且高傲愚蠢的人打交道，他们喜欢把人使唤来使唤去，又对别人充满了不信任、冷漠和仇恨，那么遵守小心规则就尤为重要。我也同情那些必须要依靠暴君的"基督教灵魂"。

17

如果你有过追随一个势力较弱的大人物的不光彩经历，就不要认为，你会因为自己奉承而失去现有的地位，而是要向大人物表明，你不完全靠他过活，也要向人民表明，至少你是愿意为他们做些好事的，是完全出自道德准则而不要想索取好处的。如果你失宠于大人物，那

至少好事都轮不到你，忘恩负义的大人物也会觉得会有更好的人来取代你的位置。不可相信大人物的友谊、坚持和忠实。只有你对他们有利用价值，他们才重视你，但这种重视是反复无常的，宁可相信他们罪恶的一面，也不要相信他们好的一面，到最后他们总势必有理。

你想在大人物那儿受宠吗？那就不要让爱慕虚荣的大人物觉察到，不要为你的能力在他之上而感到高兴，更不要违背他的意愿行事。表现给他看，你是真正尊敬他，爱他的，并渴望成为他有用的手下，服从他的领导，而不要表现出自私自利或幼稚的爱慕虚荣的一面。但也不要傻傻地拒绝你应得的好处和报酬，白白贡献出你的财物，因为哪一天他厌倦你了，他就会把你扫地出门。

对于大人物交给你照管的生意，你一定要小心谨慎，及时清理应收款项，这样你在任何时候都能以自己合法的做法消除别人对你的诽谤和控诉。

不要接受不在你职权范围内的事物。

避免因为热衷于枯燥乏味的演讲而把生意经营得一塌糊涂。

当你成为诸侯的宠儿时，必定会有许多妒忌你或想跟随你的人，因此在平时的行为举止当中，你要加倍小心。

在宫廷中总是有这样的人，他们很想搞清楚，你对诸侯的影响到底有多大，你在诸侯心中到底占有什么样的位置。为了不让他们暗中探听到你的计划，进而不让他们知道怎么样才能打败你，那你就要避免有别人在场的时候与他讨论可能与他有不同看法的事物。

为诸侯做事要格外小心。

不要完全信赖你的所谓的手下，认为他们是忠诚的，也就是说不要相信这些感谢你让他们有好日子过的人。

18

如果你曾经在你的保护者的辉煌时期由于紧急情况、礼貌或是政治原因等向他表示过敬意，现在他却从他那高高在上的位置上掉了下来，失去了原有的地位、财富、影响和光彩，那你也不要立即投奔其他卑鄙小人，这样的卑鄙小人不会理会那些对他们毫无帮助的不幸的

人。如果他值得你尊重就要以加倍的热忱表现给他看；如果他不配得到你的尊重，至少也要照顾到他的感受，因为他肯定会处于众叛亲离，默默忍受不公平待遇的境地。只要他还有影响力，就不要因为他曾经迫害过你、排挤过你而报复他。要以德报怨使他自我反省，悔过自新。

19

不要简单地从显贵和上层人物那里为穷人募捐。大多数情况下，他们为了夸耀自己而拿出钱来而且会做出一副在施舍你的样子。总之，可能的话尽量靠自己！当一个富人拒绝给你帮助，而你却已经向一个穷人许诺了，也不要立即就咒骂这个富人。请思考一下，因为别人对他无休止的要求会把他置于贫穷阶层。人们要反对所有铺张浪费的行为，但不能阻止乐善好施的行为。

20

如果我过多地描写大多数大人物和富人性格中的缺点，那就离我的主题太远了，我想阐述上层阶级中的所有人都具有这种缺点。我极其厌恶看到我们有些贫穷的新兴的作家为了给自己赢得声誉而去咒骂上层阶级。他们对具有高尚品质的人物如此不熟悉，以至于当他们勇敢地对上层阶级的礼仪和思维方式做出评价时，会表露出他们的冒失和不礼貌。他们会羡慕且不怀好意地嫉妒地位在他们之上的幸运儿；当他们闻到从富人家厨房或地窖中飘出食物和酒菜的香味时，他们的神经就兴奋起来，会被激怒；当他们不够幸运，他们热切的要求没被满足时，就会很生气；他们诅咒那些坐在高级汽车里他们追赶不上的人，咒骂那些不被说动赞助他们的铁石心肠的艺术赞助商，辱骂那些分配物品不均的人。在富裕的和被寄托巨大希望的环境中长大，我对贵族式的教育的利弊很清楚。

长期在宫廷中做事以及与形形色色的人打交道的经验使我知道了，他们不喜欢听纯粹的事实，不要对他们讲一些他们不希望听到的话。他们中的许多人可能是很好的，甚至是比较落后的人也或多或少有些

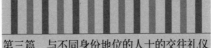

优良的品质，他们对世界的影响比贫穷的无能力的俗人更大。他们的第一种优良品质就是塑造人格、获得能力、认识世界和人类、做好事、感受做好事的愉悦。他们的性格不会因为不幸和缺陷，也不会因为自己的需求而被压制和改变。

从一方面说他们也会受阿谀奉承影响而变坏，他们的缺点被美化了，他们的每一种高尚行为都会被注意到，他们曾经的误入歧途常会被掩盖，不为后人所知。他们中的许多人充分利用机会，把能在诸侯左右并影响他们看成是一件幸运的事，他的阶级尊严被认可了，也展示了他职业的崇高性。我也认识这样一些人，他们觉得那不是件幸事而是灾难，这种想法也正是造成他们事业失败的障碍。

21

最后还有几句关于大人物和富人之间交往的话。大多数情况下是其中的一个害群之马使其他人变坏。一些地位较低的人努力在铺张浪费的排场上和所谓的在庄严地位方面超过地位比他们高的人，他们执迷不悟，坚持自己愚蠢的行为，一些小贵族甚至在模仿大人物的细节方面花大力气。

这样有趣的事例在德国小邦国的宫廷中比比皆是，他们相互适应，相互控制，相互嫉妒，相互试图超越对方。当 Y 的一个贵族在他的生日宴会上摆有一个球和用 7 磅装饰的彩灯时，那么 V 的诸侯在他的宴会上就会放一装有 8 磅粉末的礼花。当一个邦国中元帅的俸禄是 300 古尔登和 12 舍非尔燕麦时，另一个邦国的首领就带着他的勋章挺起胸膛，却是空着肚子的。一个伯爵献身于为国效劳的事业中，却没有任何权势，而邻国却付给一群只会制造噪音的宫廷乐师薪水。第三个人充满绝望之情，因为他超不过他的邻邦，宁可耗尽剥削他巴黎人民而得来的不易之财扮演一个卑贱的角色，而不愿做一个忠实于国家的好皇帝。

世风日下！人们开始只在城市里举办音乐会之类的活动了，这类活动交替着由一些社团举办，连晚饭也包括在其中。在社团活动中会有几瓶葡萄酒和冷菜供应，另外也提供一瓶潘趣酒。

3 个月过去，这种活动会演变成集体大吃大喝。明理的显贵和富

人不应该这么做。他们应改变下层人民对他们的看法，给下层人民一种印象，就是他们在饮食、衣着、奢华、享有服务和家用器具等方面都是有节制的。他们应该消除一种偏见，就是他们不可能跟别人保持长久的友谊。

　　总之一句话，他们不应该忘记，许多双眼睛都正盯着他们。

第二章

关于与地位低下者的交往

1

　　地位低下者生活在社会底层，对生活很容易就满足。我首先提醒读者注意，跟这类人交往也需要遵守一些规则，他们虽然没有显赫的社会地位，但他们在出身、财富或是人际关系等方面比我们有更深更广的基础。

2

　　人们应该礼貌地、友好地对待这类人，命运给他们的远不及给我的多，他们做着实在的事，真正有价值的人处于下层阶级。人们不应该像大多数显贵和富人那样居高临下而又貌似友善地对待下层阶层，如果你疏忽他们，又傲慢地对待他们，一旦你需要他们，他们就会离开。在比你地位更高的大人物在场时，要像平常一样，友好地对待他们，信任他们，不要羞于在世人面前公开表现对他们的尊敬，他们理应得到尊重，他们既不想要权势，也不要金钱和头衔。人们不应该出于自私自利和爱慕虚荣而特别优待下层阶级，比如为自己赢得人民更多的拥护，为了被称颂为尊敬、和蔼可亲的领袖或者其他什么目的。人们不应该首先选择同只受过普通教育的人交往，来赢得尊敬和奉承，不

要认为模仿下层人民的风俗习惯就会受人欢迎。因此中产阶层不应该仅仅为了贬低更高阶层的大人物而友好地对待下层阶级，不应该为了赢得更多的尊敬而放弃自己的身份，而是应该出于单纯的正直的意图，出于正确的理解和平等的态度来评价他们作为人的价值。

3

但是这种礼貌也要有节制，切不可夸张。一旦下层阶级感到对他们的尊重是我们想表明他们是不可能真正得到尊重的，他们就会认为我们缺乏理智，试图嘲弄他们，或者他们会认为自己受到尊重不过是一种错觉，会猜疑这背后隐藏着什么，或许是我们要利用他们。之后，他们会感觉到我们倨傲而又宽容地对待他们，会明显感到这是对他们的施舍。最后还有一种愚蠢的礼貌形式：人们跟来自下层阶级的人谈他们不理解的在他们阶层中不普遍谈论的话题；人们对下层阶级讲一些表示恭顺、仁慈、尊重和欣赏他们的空话，而对于这些花言巧语他们会感到不自在。这些就是大人物们都在犯的错误。他们认为他们的话是唯一大众性的语言，这常常使他们闹笑话并令人觉得他们不可信。交往的艺术就像我在本书开篇就说过的，学习每个阶层的不同语言而且要会根据不同情况使用。

4

人们也要跟这类人保持一定的距离，因为他们没受过良好的教育。他们很容易误解我们好意，而且总是索取很多而不知足。人们只能付出自己有能力承受的。

5

如果他不为你的幸运高兴，如果他尊敬你强有力的对手，如果他像向日葵一样跟着太阳转，见风使舵，以你高贵的地位都不该惩罚他。你想一想，这样的人一般只有在万不得已时，比如当他们想要过自己

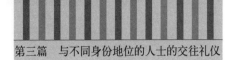

的生活，才被更换；想一想他们中没有多少人受过教育；想一想他们对一定的感受和贡献还是有意识的；想一想所有的人或多或少都有点自私自利，只不过有教养的人把这种倾向故意隐藏起来罢了。

6

当地位低下的人请求你保护，为他们说几句好话或帮助时不要用空洞的话语搪塞、欺骗他们，不要用大多数显贵的那种方式对待他们，想要以此来摆脱他们或者获得一个平易近人的美誉，或者不要因为能力有限帮不到他们，却用甜言蜜语哄骗他们，只要你一这么做，他们就会立马不理你，再也不会想到来请求你了。一个贫穷的人满怀希望地回去，而错过其他可以实现他目标的机会，那么事后他会感到加倍沮丧和不幸，觉得自己被彻底地欺骗了。

7

帮助那些有需要的人。支持和保护那些请求你帮助、救济和保护的人，就此而言这是公平对待他们的。但也要保护你自己的利益，当你无能为力时应该学会拒绝他们的请求。因此而产生两种不好的后果：首先，以下层阶级的思考方式来思考，他们会利用你的弱点并让你承担起责任、工作和心理等方面的压力，这对你的精神、体力或是财产都是负担过重的，或者你会被强迫不公平地对待其他不太来纠缠你的人；其次，谁承诺得太多，他就有可能会违背自己的意愿去而不遵守诺言。一个坚定的人必须要有拒绝的勇气，如果他出于很重要的原因又做得光明磊落，这样他也不会树敌。人们不可能把每件事都办得很好，都照顾到各方面的利益，但只要人们总是坚定不渝地机灵地这么做，至少明智的人会认为我们这么做是对的。有弱点固然是不好，但理智地拒绝那些自己觉得力所不能及的事并非铁石心肠。

8

不要过分地要求生活在下层阶级中的人们在文化和文明程度上有多高的水平。不要过分在意他们的知识水平，也不要要求他们充实知识，这对他们所处的阶层不利，如果他们知识水平提高了，会对他们现有的工作感到不满，他们就会希望提升地位，要求的也会更多。"启蒙"这个词在我们的时代常被滥用，既不表示完善思想，也不是想象力方面的提高。最好的理智上的启蒙是我们所学到的，对现状的满意，在我们的社会中做个别人需要的有用的人。其他一切都是多余的废话。

9

亲切热忱地对待你的下属，但也不要在他们那儿丧失威信。但如果下属对于他们的上级来说是不可或缺的，或者一个部门上司自己不想工作或根本不会工作，下属必定会离开他、蔑视他。以上的情况如果有发生，那么上级在下属那儿必定会丧失威信，因为他没有足够的威信和勇气，使一个马虎或固执的秘书时刻想到自己的责任和义务，而是不管事情进展得顺利还是不顺利都将就过去，睁一只眼闭一只眼。

第三章

关于与宫廷侍臣
一类人的交往

1

　　我在这里归纳总结了一些关于与宫廷侍臣一类人交往的评论，他们生活在所谓的上层社会中。正如我在这部分第一章中所描述的诸侯和显贵的说话声音和生活方式，只要对生活质量有一定要求的阶层都会模仿他们。比如：远离自然；冷漠地对待人类之间最初最美好的关系；嘲笑天真无邪和神圣的情感；平庸肤浅；丧失本真；缺乏全面必要的知识；厚颜无耻，喜好对别人冷嘲热讽，行为冒失，常喋喋不休，立场不坚定；冷漠地对待一切美好的事物；贪于享乐，生活放荡无节制，生性懦弱，喜欢做作，举止轻率；过分骄纵自大；奢华的服饰是掩盖乞讨本质的面具；经营不善的家庭理财；急功近利地追求地位和头衔；各种各样的偏见；看暴君和资助者的眼色行事；奴颜婢膝地盲目跟从，只为了获得某些东西；奉承那些对他们有帮助的人而忽略那些不能给予他们帮助的尊贵的人；牺牲他最神圣的东西为了达到自己的目的；为人虚伪、不忠实、善于伪装掩饰、常违背誓言、喜欢说三道四、耍阴谋诡计；喜欢幸灾乐祸，诽谤别人，对名人轶事分外有兴趣，探寻别人的私密；可笑的处事方式

和行为习惯。以上这些就是我们的丈夫、妻子和儿女们从那些和蔼可亲乐于助人的无赖那儿学来的"良好"的行为方式。这就是人们所认为的"优秀"的行为方式并遵照执行。有这种行为方式存在的地方，真正的功绩不仅会被忽视，而且很大程度上还会被没有头脑的人蔑视、压制和嘲笑。当无聊的宫廷侍臣遇到一个有实力的、有优势的人，他就抓住这个人在生活方式上的缺陷，通过这种方式使这个人自己觉察到这点或用一种对方不会的语言与对方交谈，或与对方谈论对方一无所知的事物，以此把对方弄得不知所措或使对方对自己判断错误，但他这种做法不会取得很大的成功；当一个宫廷侍臣遇到一个正直的女人，她秀外慧中，而他却想让她在王公贵族聚集的场面上出丑，这也是不会取得成功的。当人们混在这个阶层中时就会发现这一切。但是就算当我们遇到这种情形也不要担忧，不要自寻烦恼，否则人们将会用敌视的眼光看待我们，人们就会觉得我们有野心，有企图而且还爱慕虚荣。有3种方法可以避免所有这些不愉快的事发生，即人们要么消除对这个阶级的偏见，要么继续走自己的路，不要为所有这些愚蠢的事烦恼，或者干脆学习这种行为习惯，别否定它，做一个人云亦云的人。

2

如果谁根据自己的处境完全出于自愿生活在宫廷或至少是上层社会中，那他必定会远离贫困，远离喧嚣，心智都变得麻木、易怒乃至被完全摧毁。在平和的深居简出的类似于隐居的生活中，在过着与几个尊贵的善解人意的有活力的朋友交往的生活时，我们的心情、责任、学术研究的兴趣和愉悦都被激发起来了，偶尔会带着一颗普通平凡的心去参加公共的娱乐活动和各种大型的社交活动，凭借着还没有完全消失的想象力和兴趣爱好去搜集图片，随之略显单调的感觉也会消失——这就是一个明智的人所热爱的生活！事实上，常常是我们自己认为人们想要摆脱上层阶级的生活。孤僻、不愿帮助普通人、爱慕虚荣、有许多缺点、好模仿等，这些都是有些好人也会有的缺点，因此当他们不在家时，当无聊的感觉向他们袭来时，百无聊赖地摆弄他的玩意儿都是在浪费他们宝贵的时间。当然想要避免这种情况发生就必须不

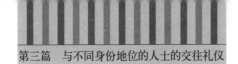
仅不依靠任何人，而且要有坚定的行为和处事的原则，要有驱赶人们流言蜚语的勇气，说出自己想说的话。

3

　　如果人们必须或想生活在上层社会中，他们也不完全肯定能接受这种行为习惯，因此人们更愿意坚持天生的或在接受教育过程中学来的生活方式。人们常常可以看到：有些人模仿那种行为方式的一半或是不完全模仿；老实的农民、纯朴的市民、诚实正直的德国人想要扮演法国宫廷侍臣、政治家的角色；不太会讲外语的人寻找一切机会说外语；或者有些人的青年时代在宫廷中度过，却没有注意到路德维希十四世时代的骑士阶层彬彬有礼的语言，现在已经完全没有人讲了，而且几个世纪前的服饰现在只是出现在戏剧的舞台上。以上所有这些现象都是很有意思的。这类人是故意让自己成为别人的笑柄的，因为这样可以使人们以一种自然的、善解人意的态度和礼仪对待他们，即使这种行为举止和礼仪不合宫廷中的严格规矩，当他们身处恶棍和无赖中时依然能赢得别人对他们的尊重，虽然他们过的不是舒适的日子，但这却也是平静快乐的生活。穿着你自己的服饰，按照你自己的价值观行为处事，做一个诚实的人，要严肃、节俭、有礼貌、沉着和正直。不要说太多话，也不要谈论一些你根本不知道的东西，也不要使用一种你不常用的语言，让与你交谈的人通过你的母语理解你。为人处事要正直，不能有辱尊严，不可粗心大意、举止粗俗，否则你会被别人嘲笑。不过你也不会非常受人喜爱，你的脸不会成为时尚的脸。你要保持冷静。如果在一个大型的社交活动中没有人与你交谈，也不要表露出尴尬生气的神情。你不会因此而失去什么，你可以想些美好的事物，也可以对某些事物作有益的评论，这样人们将不会轻视你，反而有可能惧怕你，而不是恨你，这有时并不是坏事。青年时代就在宫廷中和大城市里扮演举足轻重角色的人们，之后他们就隐退了，过着一种简单的生活，他们为保持一张时尚的脸孔，而常忘记以下准则：在人们谈话时不要打断别人的讲话思路；不要被文化的潮流落下，如果人们一定把它称为文化的话，就算是小小的一步，你也要加紧步伐跟上。这在不断变化的品位和想象

力方面还是行得通的，人们必须保持像与整支海军一起一直在浩瀚的大海上畅游那样，否则就必定会被时代的潮流抛下。发生以下情况我们通常都会很生气：当我们被别人忽视时；当我们看到年轻的无名小卒成为权威专家时；当我们被别人瞧不起时，或别人只是出于礼貌来关注我们时。噢，这简直是不可思议，聪明的人会变得丧失沉着冷静，甚至也会爱慕虚荣，表现出一种令人极不舒服的态度，这表示他有多生气，这与人们为了寻找某些东西而丢失费尽千辛万苦取得的成果是一样的。相反我们的才智和兴致只有在我们受到尊重和受欢迎、受关注的地方才得以发挥。谁必须多年在大小宫廷中生活或在上层社会中摸爬滚打，那么就算以上的情况发生了，他也不会觉得尴尬。他肯定已经学会快速反应、准确定位、迅速找到适合的话语的技巧了。而相反如果有人找不到优化提升自己本身程度的机会，那就把本段开头我所说的牢记在心。

4

谁最终要生活在上层社会中，他就必须学会统治者的口吻，接受他们的生活方式。前者不难学，而后者却必定要影响到我们的性格。不要打扮得像一个德高望重的老者或像海军一样，别忘了这要与你自己的年龄、地位和财富相符，别学别人幼稚可笑的时髦行为。用宫廷侍臣应该用的语言和行为来处事，在日常行为中也应遵守道德标准。不要失去自己的尊严和性格，做一个正直的人。

5

不可能存在在与宫廷侍臣交往中任何情况下都能适用的规律。一个自信正直的人在与他们交往过程中最好是根据自己的处境、性格和良知来权衡。只有这样的准则：那些不重要的习惯和风俗对改变性格根本起不了什么作用，因此如果人们会由此获益，就可以在短时间内适应这种习惯风俗而不要引以为怪。

在文学、艺术、美学、特定的娱乐节目、戏剧表演等领域中，甚至在鼓掌喝彩时都有时尚潮流，任何一个歌手、音乐家、作家、传道士、

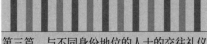
画家、巫师、裁缝或者理发师也都是因为跟随潮流才能获得成功和尊重，一味地去反潮流行事是毫无意义的。最好是安静地等待另一种新的流行取代上一种。每天酗酒、泡澡、度假或者借助药片和药粉慢慢毒化自己，这种种行为为权贵们所不齿。他们暗暗地嘲笑这种行为。你应该稍微喝点酒，做一些对自己没有危害的事。至少应该在表面上显得你是顺应潮流的，不要在谈话中显露出你是反对这种潮流的。如果你在看戏剧时根据自己的感受去批评一个扮演的仙女，那你就会遭殃，因为那个时代大家都是信仰神灵的。或者一个被公认为智者的人写了一本书，你却认为这本书很差，那你也同样会遭到别人的抨击。如果你在无神论流行的时代用宗教的东西来娱乐一位妇人，那你也会遭殃。因为潮流有其自己的规则。年轻人 25 岁开始起就不再跳舞，而加入到老人们的社交圈子，以精明的姿态为这个社交圈子带来愉快、富有活力的气息。当他们到 40 岁时，反而又变得年轻了，整天蹦蹦跳跳地与女孩子打交道。这所有的一切人们要仔细观察并总结出规律来。

6

不过我不得不承认，现在在宫廷中和上层社会中的年轻人正在被一种我不是那么喜欢的 20 年前流行的风气所熏陶。我觉得他们中的许多人行为举止相当粗俗，没有礼貌；他们给我一种感觉，好像他们以有节俭、礼貌和小心谨慎的品德为辱，而是冷漠、不殷勤地对待女士和陌生人，不用自己的大脑思考，在社交场合跳舞时也不温文尔雅，走路弯着腿和腰，不学习艺术和基本的科学知识，无视年轻教育家做出的功绩和努力，也看不起那些有礼貌、节俭、细致入微的青年楷模。在与人交往时总免不了会有德国以前就有的风俗：以酒作为社交的工具、交往过程中总会有被迫的和表现不灵活的情形发生。我们是幸运的，因为我们现在开始在逐渐摆脱这种风气，在尊贵高尚的礼仪中存在的不是不灵活的现象而是礼节，不是酒的重要地位而是关注和尊重，不是被迫而是优雅，不是过于迂腐的学究气而是真正的天赋和灵性。看看那些毫无想象力的人，他们过着怎样的单调乏味的生活，他们根本不知道开心愉快是什么滋味，他们在人生中最美好的时光就失去了青

年时代的感觉。但是我心中充满希望，这种现象一定会好起来的。我不是在吹嘘自己故乡的好，但我确实在我的故乡度过了美好的青年时代。

7

如果你想在上层社会中安逸舒服地生活，就不要怀疑一切具有传统价值的事物。不要彻底怀疑头衔、勋章、荣誉和表面的修饰等等，但也不要太看重这些东西，也不要太在意得失。当然也存在着这种情况，有时候这些东西又是你想在上层社会中过上安逸生活的保障。在你的私人处所内你可以嘲笑一切愚蠢行为，但不要太大声。总之一句话：在要与他们生活在一起的人物那里不要表现得自己很出色。这不仅是聪明的举动，而且还是一种责任义务，你既然选择在这个阶层中生活，就必须要接受这个阶层的风俗习惯。不要期待人们评价你是一个尊贵的、睿智的和灵活的人，而应该期待人们评价你是一个彬彬有礼的人。

8

如果你想得到真正的赞许，那你就不可以表现出你比那群没头脑的人拥有更好的才智。就算迁就这所谓的上流社会的风俗习惯，聪明尊贵的人也受不了这社会上盛行的妒忌、诽谤、无休止的嘲弄和流言蜚语，何况还过分地自我表现，那必然是"木秀于林，风必摧之"。因为要与那些陈腐的人相处并苟同他们，首先自己也要变得跟他们一样陈腐。不要使自己成为众矢之的，首先不要抱怨，不要在言论中表现出不满的情绪，否则就会出现不和平的情况。人们继续按照自己的原则走自己的路，让别人去说吧，直到他们说累了为止。因为在这里一切的解释和抱歉都是枉然，当你对诽谤进行反驳时，人们就做好了另一种准备来伤害你了。

9

在上层社会中生活，上面提到过的基本准则不容忽视。人们可以自然地表现出对事物充满自信的一面，但却不会表现出以下行为，虽然这

些情况完全是有可能发生的：人们也是能够冷落我们的；他们耻于与我们交往；在我们的社交圈子里他们也会感到无聊。宫廷侍臣之类的人善于权衡他们对我们的礼貌和关注程度，应该使我们处于什么程度的社交圈子。人们也会学着表现富裕，这是人们通过练习学会的，但这又与厚颜无耻、纠缠和喋喋不休非常不同，而是一种安静、心平气和、诚实正直、沉着冷静的行为，而且看起来是无计划、无目的性和无所求的。当我们的虚荣心需要得到满足时，当我们从心底里觉得我们自己的掌声不及别人给予的赞美有价值时，对于我们来说愚蠢的人是荣幸的。

10

　　人们一般都是以骄傲对待骄傲，以冷漠对待冷漠，以友好对待友好，不会过多地付出也不会亏欠别人。这种规则适用于很多地方。世上的人没有坚定的立场，就像是稻草随风摇摆不定。因为他们自己很少有自主意识，他们的存在就是为了外界的名声。只要他们看到你要开始得志了，你的处境开始转好，就马上会来依附你。如果你没有为花言巧语所动，那些奉承你的人没在你这儿得到好处，那他们又马上转而开始诽谤你，讲一些中伤你的话。这样所产生的谣言几乎不会流传开，那些奴颜婢膝的人就趁机观察这样的谣言会对公众产生怎样的影响，然后抓住要害，攻击你，趾高气扬地对待你。如果你因此而变得不安和害怕，开始用心地对待他们，像对待与自己有真正友谊的人一样，但他们却不会因此而知足，会继续传播不可信的谣言，你会因此而感到苦恼。向第一个冷漠对待你的人抛去轻蔑的眼神，他会被你的眼神震慑住，而为自己的声誉担忧，不再说你的坏话，对能给他秘密保护的人鞠躬哈腰，因为他担心下层人民会对他不利。他呈献给你的要双倍奉还他。你不要再被花言巧语所迷惑了，直到他完全屈从。我再也没有为在上层社会获得钦佩的计划了，再也没有自己坚定的原则，只是事事都按照自己的心情来。习惯于真正意义上的心灵的享受，热心地对待所有的友谊和好意，不像以前那么伤感，受人尊敬比受人喜爱更重要，我对于自己不敢承认表示不安和羞愧，对人们每次冷漠的行为感到生气和不安，而这些人表面看来还是有很好性格的人，根据我在上层阶级生活的经

验，至少比我要好。其他时候我看事物总是看它好的一面，当我听到闲暇无事的人忙于关心我的琐碎小事时就感到由衷的高兴。我根据我的性情来做事，所以做得不够好。最好对于所有的流言蜚语表现出最小的不安，不跟别人谈论这事，也不参加到传播谣言的行列中。然而在一周后这些谣言又会被人们遗忘，会不攻自破。

11

　　表面上行为处事要有礼貌和教养。人们在宫廷中和大城市中肯定能看到一些人，他们彼此打交道或友好地互相对待，其实他们之间并非真心实意地互相尊重，他们在这复杂喧嚣的社会中根本就没有朋友，有的只是一同消遣的人。如果你是有用的人，或者至少是能够稳固我们威望的人，那你是受人惧怕的，那人们就是通过惧怕而自我控制，所以你只要尽管让别人感受到你的威严性。在宫廷倭臣面前只要表现出你的尊严、骄傲和威严，这样他就不会有想愚弄你的想法或误解你的情况发生了。这种奴性很强的人会害怕正直坚定的人的优势，当然这种优势肯定不是自高自大也不是目空一切的性格。跟这些人偶尔也要心平气和地讲真理，用充足的理由说服他们，消除他们肤浅错误的看法，不过这也要求有宽松的环境能够容许有睿智存在。　堵住他们的嘴，如果他们诽谤中伤正直的人。反对他们不光彩的行为。别跟他们亲密地开玩笑。要敢于说实话，不要因为害怕而畏首畏尾，否则很容易造成误解和事实的歪曲。

12

　　在上层社会中是不说真心话的。真心话在那里是一种陌生的语言。别谈论纯粹的、开心的、简单的关于家庭方面的愉快事情。这在那里对于这样的世俗人来说是神秘的事。控制自己的表情，使别人对此没有话说，表情要做到不卑不亢，既不令人厌恶也不懊恼。宫廷中的人察言观色的本领要比看文字的水平高，这就是他们那个阶级的必修课。不要相信任何人。不仅在你说话时要小心措辞，在听别人讲话时也要小心，否则你的名誉就很容易毁于一旦。

13

我在前面就已经说过，在上层社会中生活我们的行为方式必须随着个人的处境而不断变化和调适，观察别人是很重要的部分，而这对于不是在上层社会中生活的人来说可能根本不重要。如果谁在上层社会中生活，还想得到别人的尊重，想通过自己的努力获得晋升的机会，乃至统治别人，那么他就要尽可能多地去学习。人们想要在上层社会中做生意，切不可急功近利，要从容。也就是说：切不可仓促行事；理智要与良心、性情和想象力相结合，缺一不可；要小心谨慎、内敛、警惕性高，时刻保持着理智要强于情感。带着从容和以上提到的性格和心理状态去看待中产阶级的人们，就会发现他们的自然禀性都被暴戾的脾气所占据着。但这是一门难度相当高的艺术——如果你不是专门去学习这门艺术，如果它不是上天馈赠你的礼物——人们很可能在经过 40 年的工作以后，才能积累下这些经验。

14

在本章的结尾我要总结提供一些在上层社会中与人交往的有用准则。这可能是微不足道的。在上面内容中提到的一些规则只是适用于这个阶层，只是这个阶层中不成文的协定，而不是道德的基本原则；这个协定是建立在这样的基础之上的，人们试图去改善自己和别人的困境，虽然不幸的遭遇我们从来没有彻底地清除过，去改善境遇的时候尽量不去耍心机，因为人的心灵是如同金子一样宝贵的东西，凭借着一颗好的心灵或者好的社会风气可以使寡妇和孤儿存活，可以使国家变得富强，只要这种道德标准和社会风气是被大家广泛认同：那些见钱眼开的人认同，那些追求名利的人认同。我希望，人们不要强烈反对来自民众的真实的心声。这种心声教会我们，不能忽视最微不足道的帮助，因为它能使生活变得美好且简单；它能激发人们的关爱之心，进入到别人的心灵深处；增强我们的洞察力；使我们习惯与各式各样的人和谐地生活在一起。真正正直的宫廷侍臣是理应得到褒奖和荣誉的，人们不用因此逃避世事躲到书斋中，潜心研究，为的是获得一个

哲学学位的头衔。如果没有在上层社会中生活的知识，那我们从书本中获得的关于学术和人类学的知识也是微乎其微的。我建议有抱负的人和对世界有渴望的年轻人，多学习与人交往的知识和技巧，这对今后的事业等各方面都是很有用的，至少在一些时间段内是占有重要位置的。虽然这有时候可能只是单纯的搜集资料、观察，但这有助于思维能力的提高并对那些从小想在宫廷或大城市中生活的孩子来说是获益良多的。

第四章

关于与学者和艺术家的交往

1

　　如果现今学者的称呼不像一个英国绅士的称呼那么不值钱，如果人们跟一个学者相处时心里老是想着有着渊博知识的心地善良的人，简言之，就是一个在科学和艺术领域都造诣很深的，并用这些知识造福人类的人，那我在这章中就用不着写关于与这类人的交往了。人们与学者和尊贵的人交往，需要什么样的法则呢？相信从这类人口中说出的至理名言；目光聚焦在他身上，以他说的事例作为我们行动的准绳；相信他们说的真理并追随真理——这是幸运的，因为这些知识不需要经过常规的学习就能得到。然而我们常常看到的怪现象是：有些图书编纂者、记者、新闻爆料者、翻译和外国文学的剽窃者，总之每个误解大众心理的人，只是印刷出版了不知所云的毫无价值的或者是抄袭别人的作品，就把自己称作学者；有些人把科学知识不用在恰当需要的地方，而把它们根据那些文化水平层次不高的下层民众的易变的轻率的审美品位用在不恰当的地方，他们把这种做法称为睿智的创新和突发奇想；把一个小孩子的废话改编成长短不一的句子，把它印在"缪斯历书"里头，就把这个孩子称作是诗人；一个只会在琴弦上乱拨，而他的音乐节奏不连贯，主题不明确，毫无韵律章法的人被人们称作音乐家；一个只会把五线谱的黑点分成段写在纸上的人就被称作作曲家；一个只会在舞台上乱蹦乱跳的

人被称作舞蹈家。那人们肯定要问，如果人们认为这个人是毫无品位和没有知识，那应该怎样跟这类人交往呢？

2

不要根据一个学者所写东西的内容来评判他的道德品质。看到的文字反映的往往与他本人的本性有很大出入。这并不是不好。在书桌旁人们可以选择文风最优美的散文，如果这个作家的文章根本激不起我们思想上的狂热情绪，那就让这类文章传播高尚的道德准则，这些道德准则在现实的世界中不是那么容易遵循的，因为现实中有着刺激、意外惊喜和诱惑这些敌人在作怪，影响我们。人们不应该把一个作家所宣扬的美德作为模版，而是应该思考一下，至少要感谢，他作为一个人，如果他也会避免不了犯错误，那他就应该用他会犯的错误来提醒人们。但如果这样就认为他是一个伪君子那也不恰当（虽然没有证据就妄下定论是不恰当的，但他做的跟说的完全相反，或者人们应该把他的话作不同的解释）。另一方面，一个作家借别人的口把他自己的作品中想要表达的基本原则说出来，那这些人不应该把这种基本原则看成是他们自己的。一些伪装得很好的人，其实是贪于享乐、经不住诱惑的人，用光鲜的外表掩盖丑陋的本质，因此这些人可以称作恶棍、好色之徒等。如果一个人做好事，但他却中途停止了，那他也不算是坏人，这就跟人们饿着肚子却能够描述出美酒佳肴一样。我认识这样一些诗人，他们用美好的诗歌来歌颂美酒和物质的享受，但是他们还是平凡纯洁的人；我认识这样一些作家，他们真实地描写社会上的卑鄙行为，但他们还是正直的人，待人处事还是温文尔雅；我也认识一些博爱友善的讽刺作家。

人们有另一种不公平对待作家和艺术家的表现，是因为当人们期待他们在平常生活中不要讲一些大道理，不要过多地赞美睿智和博爱，但他们却这样做了。一个整天喋喋不休地在那里谈论艺术的人，并不表示他掌握了艺术最全面的知识。如果我们不停地谈论我们自己最喜欢的事物，这必定会让人觉得不舒服和有死板的味道。人们去参加社交活动是为了放松自己，听一些与自己有不同看法的言论。处于现世的混乱和骚动中不是每个人都具有现代思想的，当他听到别人的问题

和他们强烈的好奇心，很惊喜，就带着尊严用坚定的口气谈论对事物的看法，这些对事物的看法可能是他自己私下里就已经看得很清楚的。也有这样的社交活动，那里的人跟我原先想象的完全不同，完全从另一方面去看待事物。人们用聪明才智去回答那里的人跟我们阐述的东西，这在平常人看来是很惊讶的，是完全不可能的。其实一个学者也是一般人，他不会总是对一些科学性的引起思考的谈话感兴趣；或者在他身边也会有一些不喜欢他的，认为他的聪慧和睿智是毫无价值的人。

大约在 9 年前 Abbe Raynal 还在莱茵河地区的时候，有一次我跟他被一同邀请到一个名流家中去做客。那里有一群充满好奇心的男女，包括一些学者在内，他们纷纷来赞美他，也希望得到他的赞美。他看起来对这两件事都没有兴致，并且我承认，我完全不喜欢他谈话的声音。整个社交场合的人对他都表示愤怒了，因为他们失望了，更过分的是，他们居然扬言说他不是 Abbe Raynal，或者说 Abbe Raynal 不可能写出这么好的作品来。

在我们这个时代社会有着丑陋的一面：人们喜欢搜集并报道著名作家或有名望的人的令人不愉快的轶事。当他们所写的文章为他们赢得了称赞，当公众注意他们的天赋要比注意他们同等水平的人要多，这样他们就为自己在公众中赢得了名声。存在着这样的小城市，在那里人们装模作样，看不起通过文学写作取得成功的人，认为这是脱离他亲戚朋友圈子所取得的成功。由于人们的嫉妒而怀疑他的品德，当他很谦恭无所求地默默地走自己的路时，人们却极其粗鲁地对待他——这很残酷，但这却到处有发生，特别是在一些诸侯国里。我认为非常满意的是，虽然我的家乡很贫困，但是以上这种情况不会发生。

当一个学者、一个艺术家过多地谈论他们的专业，也不要恶劣地对待他们。一种可怕不幸的博学热情在科学和艺术的各个领域跳来跳去，当然任何情况都可以存在于世上，我们不应该对此做过多的评论，但在我们时代能够赢得最高荣誉的却不是这种博学。当老是听一个人谈论他感兴趣的事物，会感到无聊。但是听一个嘴巴不牢靠的人对某些事物发表评论，而这些事物又是在他知识结构以外的，比如听一个神职人员谈论政治，一个司法人员谈论戏剧，一个医生谈论绘画，一个歌妓谈论哲学思想，一个可爱的人谈论策略，会让人更感到无聊和可气。应该给一

个人机会，把他学的艺术或科学知识说出来。当人们在健康的环境中学习并精通一门专业，那这个人存在于世界上就很有价值的。我厌恶那些知识渊博的百科全书词典类型的人，厌恶那些看似万事精通其实死记硬背的年轻人，跟这种人相处会遭到不幸。这种不幸就是他们在社交活动中会压迫谦虚有进取精神的研究者。如果当一群可爱的知识渊博的女士觉得这种社交活动很有趣时，那么它就是完全让人忍受不了的。

3

当我们在学术界损坏了作家们的声誉或者做了有损他们品格的事，大多数作家很容易就原谅我们了。但是人们在评论他们作品时应该小心谨慎。当他们询问我们对作品的看法时，其实就是他们想得到我们的赞扬。友谊需要完全真诚，但在以上这种情况下除外。我建议，即使在不可能完全褒奖的情况下，也不能说一些类似于"你不该这么虚荣"之类的话，更不能过分责备他。

以下的情况对于学者来说更不容易接受：人们完全不知道他作家的身份，根本没有读过他的文章，或者一个人写过一本书，而人们对待他跟对待世界上其他有用的人一样，又或者当人们表达一些基本原则，而这些学者与这些原则不相符，而他们却用这些原则进行争辩，看上去似乎他们已经理解这些原则了。如果你不想屈辱一个作家，那就远离以上这种情况吧。要学会区分哪些人是地位比你高的，哪些人是地位比你低的或跟你一样的。很多人都是喜欢听别人阿谀奉承的，但是对不同的人要使用不同的方法。一种人喜欢你直截了当地说他是一个伟大的人物；另一种人满意于你对他所说的毫无异议；第三种人对你毫无所求，唯一的要求就是他在给你展示他拙劣作品时不要去批评他就够了；第四种人喜欢在他的文章中做小小的影射；第五种人喜欢表面的荣誉，就算他的作家身份不被人们注意；第六种人是我愿意坐在他们身边的人，当他致力于追求真理和美德，当他什么都没有写时，自己会感到羞愧，当他的作品不能成为佳作，没有很多人称赞他时，但少数贵族却会公平对待他、相信他，他就会感到很满足了。

4

看到以下情况很可笑：两个作家在一起互相用言语和文字褒奖对方，相互写称赞对方的书评，其实是相互欺骗，为的是保障自己在作家界常青而不被淘汰。当许多人聚在一起相互称赞，而且他们更想从别人那里听到对自己的称赞，在这个时候我却更愿意做一个安静的观众。观察他们是怎么样改变自己，使自己长盛不衰。当他们散去之后，总有一两个不会吹嘘的傻瓜觉得其他人都很优秀。

看到争吵的场面并不有趣，这种场面在学者中间经常能看到，他们要么是因为不同的观点和原则而争吵，就像是在善良的民众面前乞求支持，要么是他们在同一个地方生活，从事着同一个专业，并期望取得成功，因此他们相互压榨、憎恨对方。想着如何贬低对方和试图使对方失去民心。这真是卑鄙的行为！用真理的源泉为那么多人解渴难道还不够吗？嫉妒和恶毒难道能够侮辱贬低为人类智慧做贡献的智者吗？我已经说过很多次了，我主张把某些人用来掩盖外表，使自己看起来博学多才的人的布扯下来（这种人在我们的时代并不少见），让其罪恶的本质暴露出来。

5

有这样一群人，他们总是在寻找表现自己重要性的机会，他们会把与学者有联系、有亲戚关系或者跟他们有书信交往看成是一件值得夸耀的事。这是一种人们应该摒弃的愚蠢行为。人们可以有比作家更大的功绩，不是只有跟他们建立联系才能赢得别人的尊重。当睿智的人和贵族用宽容的态度友好地对待我们时，人的聪明和好坏程度也是不一样的。我不能把别人的功名占为己有。这种平凡的想法和坚定的信仰对于我们来说要比成为杰出的人更宝贵。

6

在今天所谓的学者中人们必须承认几个记者和搜集名人轶事的新闻工作者取得的卓越成就。跟这类人交往要格外小心。他们一般不太具有很高的知识水平，而为某个追求权利的政党或党派头目服务，一般是一些自然主义者、保守主义者、自然神论者、宗教狂热者、博爱主义者、世界主义者和神秘主义者等等。他们四处搜集童话，再把它们编成文件。或者带着诽谤别人的利剑去迫害那些不愿意归顺于他们旗下的人，让那些敢于坚信自己，对他们表示怀疑的人闭嘴。别人哪怕只有一个词与他们的原则不符，他们也要竭力抵挡它，这个词给他们诽谤、嘲笑别人或者去迫害最善良的没有心机的人以借口。如果这样一个人来友好地拜访你，你也跟他客气地交谈，并期待在那以后他把所有在你这儿看到的和听到的都报道出来。在德国有这样的人专做违法的勾当，我在这儿要说出他的名字，叫通缉犯，是非常特别的人。因为他懂得像变色龙一样不停地变换自己，所以他跟通缉令上描述的样子是不同的，大家都抓不到他。我建议，如果一个陌生人经常把一些流行语挂在嘴上，例如澄清、公开、思想自由、教育、宽容或者极乐世界的信仰或是对基督耶稣和天主教的信仰、等级制度、更高境界的科学或者催眠术之类的词，那他就有可能是通缉犯，是一个令人讨厌的幸灾乐祸的坏蛋，四处溜达，寻找他可以攻击的对象。

7

跟音乐家、诗人、作曲家、舞蹈家、演员、画家和雕塑家一类的人交往，情况就完全两样了。这些人不是危险人物，但却是比较爱慕虚荣、变化无常的人，与这些阶层中的好人交往不是我写作的范围。虽然艺术或多或少能对人们的心灵和习惯产生影响，但是最后艺术总是被用来消遣的东西，因为艺术的价值始终比不上高深、严肃的科学的价值；一个搞艺术的人想要出名，就必须使人们理解自己和自己的作品，从视觉、听觉、想象力等多方面刺激观众的细胞，把他们的艺术看作是唯一，认为他们的艺术对理性的人来说也有价值的，而不应该使艺术让人产

生陌生感。一个舞蹈家拿的工资要比一个国家行政人员拿的多，可遗憾的是，这个舞蹈家的学历却不高。像乔治·本达这样的哲学艺术家、像弗兰茨和他在曼海姆的儿子那样的音乐演奏家、像老蒂施拜因那样的品性淳厚的画家、像我们熟悉的伊夫兰德那样的身心全部投入到艺术中的演员、像独一无二的施罗德，他们的学历都不高，但这样优秀的人毕竟不多。所以我建议，只有与经过严格甄选的人才能深交。荷马在 Cantores　amant 里写道：歌手、诗人这类人喜欢过安逸舒适的生活，这种生活是我们所不能想象的。最简单平凡的生活也能激发出热情：对真理的渴望和追求。天才的热情成为圣洁的源泉，他们的灵感就由此迸发出来的，通过对感官的刺激产生的是完全不一样的神经紧张和想象力的亢奋；人们看着由此产生的作品就像是在看克洛普施托克的《梅塞艾斯》和席勒的《唐璜》，观众心中的火焰不是由酒精产生，而是像少数艺术家那样是因热烈的情感而产生的。通过混乱的舞台表演和表现不幸的状况，艺术要表现的是没有足够力量去超越哲学，这就像是药物，甚至像是麻醉药剂在侵害人们的思想，虽然这能给他们带来感官上的快感。此外，谁想把艺术作为自己的工作，很难在正经的工作中找到对艺术的品位，艺术工作对他来说显得极其单调和枯燥，做艺术工作人们不能总是唱歌、拉小提琴、吹口哨和乱涂乱画，因为一天中有很多时候都是被艺术占据着，破坏对美好生活的享受。这类人不太会想到要合理地分配和利用时间，也不会想到与人进行富有教育意义的理性的交往，他们评价一个会对他们阿谀奉承的给他们带来快乐的人要比评价一个能给他们指明真理道路的智者要来得高。他们想要加入某个群体，但别人却躲着他们。在我们这个缺乏美学思想和不重视严谨的科学知识的时代，就跟我想的一样，人们会把我当成一个书呆子。每个头脑简单但却有一颗柔软的心的人，希望过一种悠闲放荡的生活，觉得现在应该把重点放在专心钻研科学上，而认为从事有关艺术的工作就是写诗、创作戏剧、演奏音乐、作曲、绘画等等，那么最后这种人的美学品位肯定会退化，艺术也会因此而受到冷遇。所以我们可以看到一群这样的艺术家整天都无所事事，他们连艺术最基本的理论知识都不懂；音乐家连哪个调发出什么声音都不知道；这些艺术家没有哲学的思想、没有健康的理性、没有很好的知识结构、没有真正的自

然感受，他们有的更多的只是安于现状和不屑，只会去妒忌同行的人，嫉妒那些只把他们的专业作为辅修专业来学，并且毕业后也只作为业余爱好，结果却比他们这些专业人士要懂得多的人。根据不同的时代这类艺术家也有这样的朋友，他从他们那儿了解许多专业知识，人们因此也不敢大声说他是外行，当人们觉得他是一个聪明的人时，其他所有艺术爱好者会被激怒：试问谁不会讨厌这种卑鄙又缺乏知识的业余爱好者？谁不会厌恶他们对艺术做出的错误判断？谁不会讨厌他们愚蠢而空洞的言语呢？如果你想与这样的人交朋友，那你就要有一定的耐心，去听他们胡说八道，或者就算他们行为卑鄙，你却还要附和称赞他们。

如果你想在他们那儿得到尊重，就不要谦虚，应该跟他们一样无耻，大胆行事；在大人物中要表现得有自信心，高调行事，尽量表现自己；做得好像你对自己的审美观要求很高，很挑剔、很难在你这儿得到掌声；权威地谈论你所精通的事物。蔑视那些比你好的事物。当你不知道该说些什么恰当的话时，就摇头。傲慢地对待外行人士。阿谀奉承那些尊贵的、富有的、掌权的艺术爱好者和资助者。提升自己对艺术的品位，要对以下事物表现出极大的兴趣爱好：美妙的回旋曲、一段庄重的音乐中的小步舞曲、有斑点花纹的色调、格言诗、讽刺诗和空洞的成语以及充满恐怖情节曲折夸张的戏剧。这样你就为社会上拙劣的艺术欣赏品位作了很大贡献。感觉你自己充满力量，却无缘无故地怕人，这是恶劣的本性在作怪。要强烈反对胡作非为的行径，据理消除我们时代的自以为是的博学的假面目和愚蠢的行为，提醒人们竖起耳朵擦亮眼睛，不要被统治者的嘴脸欺骗。

可悲的是，现在一部分真正的大艺术家必须选择这条道路，如果他不想被社会淘汰的话；这种艺术家牺牲了他们对艺术的天分、谦恭、纯真和尊严，却从事着时下人们喜爱的艺术工作，为了赢得观众和为了生活，把自己扮成小丑，学会见风使舵。糟糕的事时有发生，特别经常发生在音乐家身上，他去参加一个社交活动，那里人们纷纷称赞他，并请求他为他们弹奏一曲，但其实这群人根本不懂也不尊重高雅艺术。如果他不想被别人说他顽固不化，就不能拒绝他们的请求，不过他却有种明珠投暗的感觉。他坐在钢琴旁，弹奏着缓慢的柔板，但听众们却在大声喝彩："噢，太好听了！美极了！"因此乐章的味道就没了。这样的无礼行为人们应该自我克制。

还有一句话要提醒年轻人与艺术家特别是演员交往时注意。我在前面已经说过，与大多数这类人交往在涉及他们知识水平、生活作风和经济条件时，出于谨慎我建议都要分外小心。当人们知道我是一个艺术的狂热崇拜者，在我建议年轻人享受与艺术家和神职人员的交往时就不会对我产生偏见或是冷漠地对待我。无可厚非，音乐、诗歌、表演艺术、舞蹈和绘画能陶冶人的情操。它们能使理智的心变得柔软而感性；使想象力得到充分发挥；增强人们的幽默感；使人愉悦，使一成不变的风俗习惯淡化；能提升人们的品德。虽然它们有这些好的功效，但是当过分地推崇它们时，却会产生各种负面效果。其负面影响会给人们带来烦恼，例如人们变得软弱无能，常常表现得自高自大，有些是自己本身就有的陋习，而有些是造就出来的；性格变得敏感，会被各种事情影响，变得反复无常；轻信别人。以上这些后果是我们所不愿看到的，因而给我们造成很大的压力，人们必须要有能力、勇气、坚定的信念和意志去克服这些困难。过分天马行空的幻想、努力虚构小说情节会使我们整日处于幻想的世界中，结果是要么我们在现实世界中遭受不幸，要么成为社会上无用的人。这种夸张的幻想力促使我们对不满意的事物满怀期待和要求，极其厌恶那些不合我们标准的一切事物，追求着想象中的事物就像是在追逐影子一样。一种用奢华作为题材的幽默和可笑的情绪是缺乏理性支持的，它们不仅能轻易使我们的心智变坏，而且会贬低我们作为人的存在价值，以至于我们会放弃追求崇高的智慧和真理，对有用的事物进行思考，而一味地追求视觉享受，看待事物都带有偏见，并且只注重事物光鲜的外表。愉悦会转化成无止境的对永久狂喜的追求。宽松的社会习俗不会转化成软弱、势利和不负责任，这些都是人们在经过多年社会生活后所染上的恶习。一种致力于人际交往的，追求感官上享乐的生活会使我们远离严肃的事物，而从事那些严肃的事业我们能够通过长期不懈的努力去战胜困难，会给我们带来持久的享受和安全感。它会使我们产生不能承受的孤独感，一个人独处，不能被世俗的东西所吸引——总之一句话，谁想把毕生的精力都投入到艺术事业或者神职工作中去，那他就要舍得放弃自己长期的享乐，至少不能利用自己的职业和能力去

为自己谋得太多其他的享受。以上我所说的，首先在戏剧表演和与演员交往中会得到应验。如果那些戏剧属于我们喜欢的流派，用我们喜欢的形式把我们的愚蠢和执迷不悟表现出来，那么这对于我们来说就是好戏剧。经常去看戏剧，并选择与一些我们认为是这个时代善良的人交往。人们应该根据事实客观地评价戏剧。如果演员在一出喜剧中表演非常夸张，观众就不能从中看到自己弱点的典型形象，如果戏剧演绎虚构的爱情，如果年轻的幻想家和可爱的女孩从戏剧中学到，人们是怎样欺骗和动摇一对年老但理智的老夫妻的，这对老夫妻把婚姻的幸福看得要比相互好感和短暂的甜蜜重要，如果在我们的戏剧中表现出轻率，讽刺高尚尊贵的人的陋习和通过自己的权势强求别人赞同他们的行为；如果我们相信在戏剧中所看到残暴的一幕，如果我们习惯于想象力被很好地发挥出来又迅速瓦解，如果人们带我们去听歌剧，我们毫不在乎歌剧中是否表现了理性的思想，对我们来说无非就是听觉的冲击，如果一个不顺眼的人或手脚不灵便的女工在他们的朋友中得到普遍赞扬，那么戏剧就什么目的都没达到。我们的剧作家自己超越了一切可能性、自然和唯美的艺术，而把观众置于根本得不到精神食粮，只是在浪费时间寻找感官享受的剧院。但是谁来把规劝年轻人不要过多追求享乐作为自己的义务呢？其实这是涉及演员的问题！演员的地位很吸引人：自由自在，不受市民生活的约束；有高薪、掌声和喝彩声、受公众喜爱和瞩目；有充分发掘自己天赋并在公众面前表现自己天赋的机会；会得到年轻人和艺术爱好者的追逐和吹捧；有机会游历很多城市和认识很多人。以上这些作为演员享有的殊荣正是一些年轻人所向往的，这些年轻人一般是处于逆境中，特别是当他们与演员交往过以后，就更坚定了他们的信心。现在进一步分析，那些演员是怎么成为戏剧主角的呢？如果人们想要进入演员这个圈子，那他们就必须每天跟那些没道德、没文化、没原则、没知识的人，冒险家，来自下层阶级的人和狂热的追星族生活在一起。在演艺圈里长盛不衰很困难，因为这个圈子里充满了嫉妒、仇恨和阴谋。这些人的利益不与国家联系在一起，但在民众那里获得声誉却很重要。有些严肃正经的人会看不起他们，这会引起他们的愤怒。经常的变换角色会消磨演员的个性，而且人们可能会喜欢经常扮演的角色；他们不应该情绪化，不管观众是开心或是不开心都应该给他们带去快乐，这会导致演员习惯性地善于伪

装掩饰；公众会厌恶这样的人和这样的表演，在 10 年以后再也没有人会喜欢他的表演；那他先前轻易赚到的钱一下子又都流走了，所以在演员演艺生涯的末期常常会看到他们贫穷、寒酸，体弱多病。

9

我建议应照顾演员和音乐家之类的人，一开始就要让他们有充足的衣食、站稳脚跟，这样就算人们最后不再喜欢他们的表演也没有关系了。要点是根据以下情况来定的：让他们知道，其他人也能胜任他们的职业；要理解观众们会评价和批评他们的工作；他们应该养成守时和条理清楚的习惯，在他们有违反规矩、唐突行事或者放纵自己的行为后就马上让他们感到事态的严肃性；除此之外，还要教导他们，就算他们的表演很精彩、很受观众的喜爱，但为人处事还是要有礼貌，要待人温和，切不可看不起别人。

10

要谦虚地面对别人对你的表扬，不要拍马奉承，也不要不合理地把未成熟的年轻人提拔为作家或艺术家，因为这么做会使德国大部分作家或艺术家群体变坏。过度的掌声和赞扬声会使他们感到晕头转向、飘飘然，会让他们变得自高自大、目空一切。自此以后，他们就停止对完美艺术的追求、开始无视很容易就能被满足的公众。可惜我们现在文学领域已经体现出这样的情况：毫无文学和美学内涵的东西都能得到公众的称赞，因为人们已经习惯于去读那些废话连篇的作品了，特别是科学领域的文章。

在艺术方面有天赋的年轻人千万不要被毒害！不要使自己变得善妒，公平对待陌生的做出伟大功绩的人。寻找机会跟这样的人交往，你跟他们交往以后有利于你在艺术方面的造诣，而不是变成拙劣的善于阿谀奉承的人和享乐的狂热追求者。

11

跟艺术家中不好的一类人交往几乎没有好处，而跟把哲学思想、博学的知识和幽默感倾注到艺术中的艺术家交往却是寓教于乐的。生活在这样的艺术家周围是幸运的，他有饱含知识的头脑，通过学习他，可以获得对自然和人类敏锐的洞察力，这样的洞察力在艺术的影响下能造就一个人的爱心、对人友善的性格和纯洁的品性。他口才好、待人友爱会使我们在不开心的时候变得开心，当我们被坏心情和对事物不满的心理纠缠时，通过与他的交往会调解我们与这个世界的不和；跟他交往可以使我们在紧张枯燥吃力的工作后得到放松，使我们感到温暖，还会使我们在长时间劳累中获得自我调节的能力。他会把我们平常的事物变成圣餐，把我们住的小屋变成圣地，变成神圣的庙宇，把我们的炉灶变成艺术的圣坛。

第五章

关于在日常生活中与
来自各职业人的交往

1

　　让我们以与医生的交往开头。没有一个阶层的工作会比医生的职业来得神圣。这样的人尝试研究自然界中的所有资源，从中提炼药物，创造世界上治病救人的杰作，使人们脱离病魔的侵害，这些病魔会使人意志消沉、身体机能毁坏，药物会使人身体中的每个力量都被激发起来；有这样的人，他不怕面对不幸、呻吟和痛苦，用自己的从容、冷静甚至是自己的健康和生命去拯救他受苦受难的兄弟，这种人应该享有世人给予他的荣誉和感谢。他是无数家庭的保护者，为孩子们挽救了父亲和家庭的支柱，为妻子们夺回了她们至爱的丈夫。总之一句话，没有一个阶层像医生这个阶层这样为世人谋福利、造福人类的。人们就要思考了，跟医生交往需要哪些知识呢！跟每种阶层的人交往都需要头脑和智慧。存在着这样的科学，就是一种好的健康的环境对人有好处，但著名的医生则相反，他们凭借着聪明的头脑做着造福人类的事业。当然不能单凭聪明的头脑做到一切事，也需要勤奋努力地学习，才能学到真正的专业知识。医学这门学科依赖于许多辅助学科，比如医药学和关于人类的基

础知识就是它的基础。医生应该学习自然学科中的所有领域，包括它们对治病可能产生的影响和它们的组成部分；学习研究人类身体和灵魂的学科，包括研究人体组织的固体和液体组成成分，人体的结构和人类的性情。什么样的建议是对跟这类人交往有着教育意义和帮助的呢？当然，在医生的群体中也会存在许多跟前面提到的完全不同的类型，这类人虽然有着高学历，但实际操作能力却不够，在可怜的病人身上做着无知的试验；还有一类人把病人的头部看成是自己的财富和容器，他们可以随意向内倾倒任何流质的和固体的东西，然后观察盐质的、酸碱质药品和精神方面的医治对病人各会产生什么样的功效，但他们倒不敢把病人往死里医。另一类人缺乏善于观察的精神，他们搞错了病人的病症，却用错误的信息蒙骗病人，不是冷静、深入、努力地去研究钻研病人的病情，而是根据自己的判断觉得病人是得了什么病，就胡乱地给病人开他们觉得必定对病情有帮助的药方。还有一类人是盲目崇尚权威和教条，如果他开的药物对病人产生了他没有料想到的作用时，他就把因为他的盲目而犯下的错误归结为是自然不可抗力产生的。最后还有一类人，他们利益熏心，把病人服药的时间尽量拖得越长越好，以从中谋利。经这些医生的医治，人们必定会成为恶毒、轻率、固执和缺乏知识技术的牺牲品。

通过谈话和医生询问病情及开处方的行为，区分庸医还是正牌医生，对于一个正直的有点与人交往知识和经验的外行人来说不是很困难的。在一群比较好的医生当中选择一个值得信赖的，能把自己脑袋托付给他的人，却是困难得多的。下面我就推荐几条与医生的交往法则。

即使你不太需要医生的帮助，但也要把他看成是你的朋友一样。你的身体哪里不太舒服，哪里需要治疗，这些你都要引起高度重视。要严格安排好你的生活方式，避免把你的钱花在药房里。

如果人们有一点物理知识，看过一些医疗书籍，熟悉知道自己的脾性，也懂得患什么样的疾病的时候会有什么样的反应和征兆，那么到真正患病的时候，他就可以当自己的医生了。与其他人相比每个人都觉得自己更缺乏知识，就这点而言，是由于他生活单调。他认真学习医疗学知识，不求比别人懂得多，但至少要跟别人懂的一样多，而别人可能经常忽视一些疾病。

在紧急情况下你会去看医生，并且你想在众多医生当中找寻一个

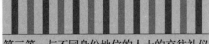

好的，那你就要注重看他是否具有理性和健康的心智；看问题是否头脑清醒，是否不带偏见；他是否一心一意专注于他的专业，在病人面前谦虚谨慎；是否具有一颗善良仁爱的心；是否给他的病人用很多药品，以至于他的病人被无数药品缠身；或者看他是否草率地给病人用药，让病人的病情顺其自然地发展；是否给病人推荐营养食谱，而这个食谱是根据他的欲望定下的；看他是否禁止给病人吃他自己厌恶的东西，或是建议病人吃他自己喜欢的东西；他讲话是否有时会自相矛盾；是否会妒忌同行；看他是否会表现出更愿意帮助大人物和富人，而不愿意帮助贫穷的和地位低下的人。如果你在以上这几点中都对他表示满意的话，那就相信这个医生吧。

毫无保留地完全相信这个医生。对他不要隐瞒任何细小的情况，因为这有可能对他了解诊断你的病情有帮助。当然不要跟他讲一些无关你病情的事或者不断重复你的话，也不要加进你对你病情的主观判断，因为这又会把医生弄糊涂。严格按照他说的来做，这样他才能对症下药。也不要受他的引诱把你的隐私说出来，虽然这些小秘密看起来无关紧要，但是还会被他利用来探听你的口风，看你是否还在看另一个医生。不过重要的是，你最好不要在同一时段内同时看两个医生。他们会诊的结果就像对你宣判死刑，没有一个会顾及你的感受，他们只是把你的身体当作是他们不同意见进行争斗的战场，他们都不愿意承认对方治愈了你，而更愿意一同把你送到另一个世界，结果就把责任互相推卸到对方身上。

对于一个使出浑身解数来医治你的医生来说是不容易的，代价很大。根据你的经济实力尽可能多地报答他。但是你也有理由认为他是出于自私自利的意图在医治你，他医治你是为了每年能从你这儿固定地得到一部分钱，一旦你恢复了健康，那他就不会再对你有什么兴趣了。

2

现在我们来谈谈关于与法学家的交往。思想、灵魂和躯体是市民社会生活中最神圣和最牢靠的财富。谁保证这些财富的安全性，谁既不利用朋友关系也不利用党群关系，既不软弱，也不充满激情，既不奉承别人，也不自私自利，也不害怕与人交往，谁能够对概念模糊不清、

条理混乱的法律条例有清楚的理解，并能正确理解其中条款的内容和精神，谁能保护穷人、弱者和受压迫的人，对抗强大者、富人和统治者，谁是孤儿的父亲、是拯救者和勇士，那这个人就会受到别人的尊敬。

我在这儿所说的，马上就会证明我们常听说的事，一个受人尊敬的法官和一个尊贵的辩护人在法庭上都可以提出要求，用委婉的话来说是，当人们声称，要成为一个好的法学家不需要理智，而只是需要记忆力、懂得例行公事的办事程序和一颗坚硬的心就可以了，或者说法律知识没有技巧来得重要，这些人利用职权为自己谋得钱财，这定论下得过于仓促了。当人们把一个法学家理解成是一个脑子里装着罗马法律体系的人，他懂得躲避刁难的方法，领教过诡辩者吹毛求疵的本领，那么人们就理解对了。虽然这样一个人有愧于当一个法学家，但是他却处于受人尊重的职位上。

事实上是很悲哀的（为了对不良的事进行揭发，我决定不再沉默），大多数国家的法官、律师以及司法人员的行为经常被指控。这些不正常的人致力于学习法律知识，但他们却不把所学的知识与其他知识联系起来，他们为罗马法律体系的混乱和我们现今时代几乎没有可以适用的法律而感到骄傲，他们甚至认为尊贵但事业却不顺利的法学家根本没有学习过法律。他们整个思考体系都是与书本和法典相联系的，一个在市民社会中的呆板的市民是人们能够想象得到的最无聊的动物了。虽然他们具有专业知识但缺乏实践经验，却在其他人类事业中和另一些需要弄清的案件中，还是做着他们的公职。以他们野蛮的做事风格和才能，花费很长时间，会把最简单最清楚的事弄得烦琐和令人费解，每一个对事实真相有知觉的人都会讨厌他们，对他们失去耐心。案子落在了一个既自私又懒惰，只会例行公事办案的愚蠢的法官手里就是你的不幸了。但其实发生以下情况就已经够不幸的了，就是你的律师是一个没有感情、利欲熏心的骗子，是一个笨蛋或是喜欢存心折磨人的人，碰到这样的律师，本来由一个聪明的人来处理只需要一个小时的时间的事情，他却把这个案子拖了好多年，整个房间堆满了这个案子的文件，你也要付给他比本来价值高3倍的钱，但是结果你却败诉了，失去了你所有的财产。如果以上两种情况都没发生，而且法官和律师都是很正直且聪慧的人，那人们就必定不会像在那种司法制度下国家

的人民那样长寿，因为他们要看审判的最后结果就必须活得长寿些。

我只能说：人们要保护自己，不要让财产和人身落入司法的魔爪中！

人们总是用各种方法躲避每次诉讼，而更喜欢私下和解。凭着对法律公正无私的信念，当别人跟我们争吵时，我们会在法院发来传票前就与他和解。

人们总是喜欢把事情做到毋庸置疑的程度，就比如人们不会让自己的遗产继承问题有任何法律上的漏洞。

一个可恶的敌人起诉我们，这时人们就需要寻找一个正直、无私并且灵巧的律师为自己辩护，并努力与他达成一致，如果他能以最短的时间结束这件案子就许诺除了给他他应得的钱以外，还会额外付给他钱。

人们要表现得镇静，特别在到处都是例行公事办案的人、昏昏欲睡思想毫不集中和意志不坚定的人的国家里，如果人们栽在律师或执法人员手中，就别指望着能拿回自己的财物了。

贿赂法官的违法行为是被禁止的。贿赂的人的行为要比受贿的人更恶劣。

在准备与司法人员进行较量的所有场合中，人们都要用耐心武装自己。

人们不会用那些很快很容易就被对方击破的策略。

人们在给法学家写点什么东西时，在与他们谈话或向他们许诺时，以及在表达自己观点时都要分外小心。他们会咬文嚼字；一些法律证据他们也不是通过正当的途径得来的；有时候法律上的真相跟一般的真相在程度上有所不同；法律上的文字表述与一般的表述又有所不同而且法律上的意愿又与人们在日常生活中所表达的意愿概念完全相反。

3

现在来谈谈关于与军界的人的交往。如果在现今战争中还有人采取一对一的肉搏战战术，而不是用军事武器作战；如果军人凭借个人的胆识对战事做出正确的判断，使战争取得胜利；如果战士只是为了祖国的富强和独立解放而战；那么在这个阶层中就不会有以下这些说法：一个优秀的战场英雄掌握着跟其他人完全不同的知识，或者他也要懂得其他

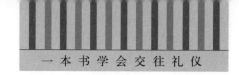
一些道理，即对上级的服从和看待荣誉的态度。强迫人们站在他们那边支持他们，从长远来说这其实是引火自焚，因为诸侯们是不会让他们得财得势很久的。军界的士兵不会严格遵守所有的道德标准和已经约定俗成的行为规范（这就像给小孩子们定下不准吵架的规定一样，他们不会遵守的），在 18 世纪前半叶，一个士兵的性格基本是这样的。但在我们现在来看他们的性格就完全不同了。几乎在所有的欧洲国家中都可以看到在士兵阶层中有这样一群人，他们利用自己的知识、通过谦虚和完美的表现，以身作则，严格遵守道德标准，表现温和的性格以及尽可能地提高思想水平，为自己在科学和艺术等所有领域中，特别在手工业的领域中赢得人们尊敬和爱戴。如果这个阶层中不像其他阶层中那样有一部分人是好的，或者这个阶层中没有人可以保留自己的意见，那我对与这个阶层的人交往就没什么好说的了，不然，我可以对此做简短的概述。

不管是什么阶层、什么年龄和持有什么原则的人，只要在跟军士阶层交往时不受侮辱，那他就做得很好了。能够避免与军士阶层的人交往是最好，但如果躲避不了，那就要尽量地表现得小心谨慎和严肃有礼貌。在这其中看到一个人的声誉，一个正直坚定讲道理的人也会受到不懂礼貌的无赖的尊重。

总之，我建议人们在跟军官交往中言行举止都要小心谨慎。在大多数军队中，特别是在法国军队中存在一种偏见，这种偏见很容易被其他人利用，用一语双关的话命令军官，令他只能接受而不是反抗。有一种人们在平常生活中司空见惯的表达，但这种表达对于军官来说却是一种侮辱。比如人们可以说："这不好！"而不可以说："他们真坏！"虽然不好的就肯定是坏。当人们想跟制定和颁布法律的人打交道，那人们就要熟悉法律语言。

就算人们很了解军官阶层，也不可以提这个阶层人的短处。事实上，士兵都认为他们的阶层是世界上第一重要的阶层。什么会动摇他的决心？当然是当他任劳任怨全身心投入到劳累危险的生活中却得不到荣誉和别人的赞扬。

最后，如果人们想要跟军士阶层相处得很好，那我建议跟他们交往时，要带着开放、真诚和活泼的态度，而不能过于庄严，可以通过跟他们开开好玩的玩笑使他们喜欢上我们，愿意跟我们交往。

如果一个商人不是白手起家，他比较幸运又肯干，如果他用自己的聪明才智经营着他的企业而不是把经营企业当作儿戏，那没有一个阶层会像商人阶层那样过得舒适了。没有一个阶层像商人阶层那样自由。没有一个阶层像商人阶层那样对道德、文化和奢侈的生活有如此大的影响。通过商人和商业联系使相距遥远、彼此之间有很多不同的民族得到了交往，也会改变整个民族的相互之间的交往气氛，使人们了解精神和身体上的不同需求、了解科学知识、人们不同的愿望、存在的疾病和资源以及不同的风俗习惯。无须怀疑的是，商人中的聪明人其实是现今根据基本原则对社会体制产生影响的人，他们引导和影响着国家的发展方向。所幸的是，这个阶层的人没有影响到我们的自由，他们因为不同的利益而相互分离，才不会形成"专制"。虽然商业对风俗习惯和思想的启蒙或多或少有影响，但这种影响不是人为计划好，是不受人的意志控制的，而是随着时间的流逝顺其自然发展的。人们可以理解我提出的建议，制定形成经济交易人的制度，这个交易人必须是有远见的、知识渊博的和有崇高品性的人。当我在法兰克福（莱茵河畔）及其周边地区停留时认识一些人，那些人如果从事其他工作确实是可以称得上是伟大的人物。

跟聪明的好人交往是没有规律可循的，在这儿我只想谈谈与商人之类的人交往时的行为举动。他们从小就习惯专注于钱财，认为没有什么比获得财富更有意义，他们几乎总是以财富的多少作为评价一个人的标准。他们不说这人很好，而是说这人很有钱。特别在一些诸侯国里有着这样一群人，他们喜欢夸耀自己，对金钱的追求没有止境，经常为了引起注意而在别人面前显示自己多么富有。爱财往往跟节省和贪婪联系在一起。只要他们不觉得他们住的房子太小或吃得太省，就不会去改变现状。人们可以观察到一些鲜明的对比：他们对小事情的斤斤计较和他们在乎的光鲜外表；吝啬和浪费；卑鄙无耻的行径和自豪感；无知和狂妄。这些鲜明的反差往往会引起人们对他们的同情，这群商人是如此的物质化，他们也缺乏一种用很少的钱筹办一场精致的宴会的才能。

如果你想得到商人们的尊重，那至少你要有富有的名声，他们对

富裕的人印象最好。如果你债台高筑或发生不幸的事，那这群人就会打心眼里看不起你。

如果你想要商人具有温和的品性或者高尚的行为，那你就必须抓住他爱慕虚荣的心理，帮他宣传他帮助过多少穷人，或者使他相信，他做了好事上天会百倍偿还他。这样他就成了虔诚的债主。

大商人游戏消遣时习惯把钱当作赌注。他们把这种游戏看成是投机取巧的交易，但又在游戏上花费很多精力和技巧。如果人们不会这种游戏千万不要天真地以为这是打发时间而已，而参加到他们的游戏当中去。

特别当你贫穷潦倒的时候别太在意出身和地位，因为这样会让你自己觉得羞愧。

一个享有荣誉和头衔的人在商人阶层中常受到吹捧，他自己也会夸夸其谈。商人常常向别人显示只有显贵才能受到他们热情的款待，他们认为以宫廷或大家族做靠山才是牢靠的。

甚至是学者和艺术家也会被商人忽视，即使商人们出于虚荣心而优待他们，但学者和艺术家的真正价值不要指望在他们那里得到认可。

按时付款和诚信是保证交易正常进行的基础，所以你在商人那儿要树立起诚实守信和按时付款的形象，这样把你跟一些更富裕而不守信用的人相比，他们会更尊重你一些。

谁想买价廉物美的东西，就要付现金，这是众所周知的。人们自主地选择卖家和商品，但当卖家要价过高或者出售质量最坏的商品时，那人们就不需要对任何人说明他是否会付钱和怎么付钱。

对人们的行为表示满意，跟什么样的人做生意，都要有理有据，不到万不得已人们是不会更换生意伙伴的。人们因此而得到生意伙伴的信任，他们对我们的生意有很大帮助，而且在我们需要的时候，还会让我们赊账，他们这么做时不会以提高商品价格为条件。

人们要克制自己，不要想着费尽心思和时间从一个商人那儿获得小小的利益，你所获得的利益是他跟我们做一次交易就能补偿回去的。特别是女人具有这种不好的习惯，她们有时甚至为了看一个价值1000塔勒的商品是好是坏，是贵还是便宜，像测试我们耐心似的要我们把包装打开。

在只有小商人和小商贩的城市里，这种坏习性就尤为明显，他们

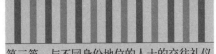

往往对他们要买的货物要求格外高，而对自己卖出的商品却不是这样。另一些人用诚信和正直的面目伪装自己，装腔作势，追求高额利润，在交易时常常讨价还价，往往使对方付出比原先价值高出一倍的钱。对付前一类人很容易，只要这个城市里有名望的人都联合起来对付他们，那他们就做不成生意了。另外，谁想要买东西，就要把自己的眼睛擦亮，在购买商品前却对这件商品的价值毫无概念，这样的人是不理智的。

5

这段是关于与书商的交往。在这里可以表扬书商，因为他们做生意的方法跟犹太商人做生意的方法不同，原因是他们不需要为出版什么书，出售什么书而担心，只是赚的钱多少的问题。人们是否把他们看成是残疾者和怪胎的助产士，是否把他们看成是传播拙劣品位和不良原则的工具，他们都不在乎。他们在乎的是真理、文化和在明理的人们心中的分量。这些东西正是人们本身具有的，现在只是把它们挖掘发挥出来罢了；在日常生活中与学者交往和看书学习时，都用得上它们，人们因此而学会搜集知识，提高思想水平，使自己成为一个更加完善的人。当然这个阶层中也有与这种类型完全相反的人，但这并不影响他们对人类社会产生的积极作用。与他们完全相反的人是这样的，他们用了 50 年的时间用肮脏和唯利是图的双手生产出杰出的作品，而他们却还是处于无知愚蠢的状态（这就跟小高利贷债主的情况一样），像个 10 岁的小孩。作者的手稿和新书都是根据书的厚度、题目以及现实情况来定价出售的，还要根据他估计的那些被错误审美观所误导的大众对这部作品的追捧程度来决定书的价格。出版一个未成年的孩子胡乱写的小说和童话来娱乐大众，因为他们的审美观都是有问题的。一部拙劣的，连他自己看了都觉得太差的作品，通过取一个时髦的题目或者配上精美的插图，运到法兰克福和莱比锡，与一个书评家达成协议，为这部作品作序。书商对待一个有天赋的人就像对待一个领计时工资的工人一样，他付给一个贫穷的作家的钱能使他在困境中全身心投入到创作中，完成的作品能给这个书商带来丰厚的利润回报。当人们经常请求他出版出售作品时，他就变得趾高气扬，俨然一副要别人奉承

收买他的样子。就像我们卡尔斯鲁厄和法兰克福的书商朋友们那样，他也通过翻印书籍来牟取暴利。最后我给出一些交往准则，使作家们知道怎样跟这类书商打交道，而不成为他们的奴隶；怎样在书商那里占有分量，以什么样的形式享受精神产品给自己带来的回报。有些商业机密是在我们著名学者中间口头上讲讲的，但不应该整天挂在嘴上，搞得每个读者知道。

通过以上对书商简单的概括，人们有理由相信，所有拥有几个出版社的书商肯定是很富有的。假设德国有 2400 万人口，那么计算一下，每本书被印刷 1000 册，那在 24000 人中就有 1 人购买一本，这种假设是合理的，因为不会有一本书这么差，以至于在这 24000 人中没有一个人想去买这本书的。但立刻又会产生另一种看法：如果人们去看看书商们的账簿，就会发现其实书商们也有烦恼，他们不但从相关机构那儿得不到钱，还要承担印刷出错书籍和销售滞留品产生的费用，而买家却经常敷衍他们，而且在前面假设的 24000 人中应该除去农民的人口，同时图书馆和翻印印刷厂也会损害书商们的利益。人们知道书商们的这些烦恼，就不会觉得书商的日子这么好过了。

这里还有一种看法。如果谁想得到书商的欢迎，特别是在混乱的大城市中赢得书商们的喜爱，那他就不要借进和借出很多书，也不要成立什么读书协会。但是人们不应该怪罪那些贫穷的书商，他们通过翻印书籍，只是在他们的同行、读者和作家那里赚取了一点微薄的报酬，因为有可能 20 个想阅读某本书的人中仅有一人买了一本，然后大家传阅着看。

6

我在这本书的第一部分作了关于与行善者交往的评论，同时也写了关于与老师和教育家交往的评论。在这个阶层中我属于外行，也就是说，我不懂教育。关于这类人，我还想在这里说些什么。

教师这个职业确实是一个烦人的职业，为了生计每天都要从家到学校上班，风雨无阻，并且不能自主选择学生，在学习语言和艺术的基础阶段必须要给学生不断地重复上课内容。他们把学生取得的小小进步都会放在心上，认真钻研教学法，尽量用简单明了的话来教授知识，

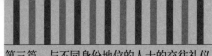
使学生又快又全面地掌握。学生听从他们的教诲：只是在课堂里听课是绝对不够的，而应该在课前进行预习，在课后对所学的知识进行复习，这样才能温故而知新。但人们经常遇到很糟糕的教育者。从事教育的人自己对文化和品德教育方面的知识都很模糊，但至少他们要有能够激发学生学习文化和品德的能力；教育工作者特别在跟孩子们相处时，常让学生进行背诵，以此来欺骗无知的家长，让他们以为，他们的孩子取得了多大的进步，而他因此也很开心。如果一个老师想混时间，就在课堂上讲童话，或者管理教训一些违反纪律的学生。我提醒每个细心的家长不要太相信这类恶劣的教育者，并建议如果家长不熟悉这种老师，就要尽可能地去听他上一次课。

7

　　一个正直灵巧的手工业者是国家中最有用的人，但人们却很少尊重他们，他们所处的阶层也比较低下。一个懒散的宫廷佞臣和一个富裕的整天到处游荡的人用钱为自己买到头衔和地位，他们的地位要比一个用自己的双手进行合法经营劳动的勤劳市民更高。手工业者满足了人们最终最基本的需要；没有他们，我们就没有吃的和穿的，更不用说过上舒服安逸的生活了。他们常常通过自己的聪明才智发明并学会使用控制机械，因此他们应该得到双倍的尊重。此外，当人们真正生活在他们中间时，就会发现，他们在干活的时候有足够的时间去思考其他东西。人们偶尔也会遇到一些聪明的人，这些人要比理性的学者带有更少的偏见。

　　人们应该礼貌地对待一个正直勤劳的手工业者。只要人们对他的工作还满意，觉得他已经努力工作了，本身价值被发挥出来了，那就不要想着辞退他而换另一个人来工作。人们不该在这群人中激起他们嫉妒之心。在同等条件下，与一个住得远的手工业者相比，人们更喜欢一个作为邻居的手工业者。人们应该全额、按时付现金给手工业者，而不应该跟他们讨价还价。许多权贵甚至是富人的做法都是不负责任的，他们在看到要付的费用的金额时，才会想要犒劳为他们工作的手工业者。这些权贵和富人可能在一夜之间因为赌博而输掉上千元钱，

为了不失面子，绝不会拖欠偿付输掉的钱；而相反，为他干活的贫穷的鞋匠为了偿还 10 塔勒的账单而白白为他辛苦工作了几年，到头来却被一个粗鲁的贵族管家辞退。这往往会使一些诚实富足的市民变得贫穷或诱使他成为一个说谎的人。

在手工业者当中确实存在着撒谎骗人的不良习性。他们常许下他们既不能也不想履行的诺言，并且他们没有能力在预定时间内能完成所承担的工作。付出的努力是值得的，前面我谈论过小商贩们经常会有无理要求，与我提出的建议相类似的是，一个城市中有名望的人团结起来，大家禁止这些小商贩继续经营。我经历过这样一件事（可能是我自己太死板太遵守诺言了），我跟手工业者签订合同，他们为我工作，但是我就离开了一会儿，他们就反悔了。当着他们的面我写下他们向我保证能完成的工作期限，但是事实证明，他们没有实现诺言，因此他们从早到晚在我和我的家人面前都不自然。我汲取了教训，只有当他们工作完成了，我才付现金工资给他们，这样我就不会像别人那样被他们欺骗了。

8

回顾跟商人的交往，我想起来，应该对天生就会做生意的犹太商人作一番评论。我在这儿只想简略地补充一下，因为我在前面已经提到过了。

哪里可以获得什么，他们就乐此不疲地去争取，凭借他们在其他国家中密切的人际关系和知难而进的精神，变不可能为可能。因此，人们把他们作为谈判时的得力助手，不过人们肯定要付给他们丰厚的佣金。

当他们看到哪里有利可图就保持沉默，不告诉别人；他们小心谨慎，但有时又很胆小，不过他们为了钱财却敢于冒险；他们也是机智、幽默的，经常会有些特别的想法；他们也是人际交往的高手，有手段不露声色地阿谀奉承别人，却能达到最好的效果。

他们很多疑，我们很难说服他们相信我们是会按时付钱遵守诺言的人；他们经常跟我们做生意并且知道我们的经济情况不是很糟，因此当信基督教的债主置我们于不顾的时候，我们还可以向这些犹太人求助。

没有人能比犹太人更能发觉你是一个不善经营的人或你的经济状

况不是那么理想。不要指望他们能借钱给你，当他们冒险投资投机生意时，给你过多的折扣或好处，那你就要小心了，因为这有可能会使你的经济处境更糟糕。

对于犹太人来说舍弃钱财很困难。如果一个他们不太认识的人向他们借钱，那改天他们也一定会向这个人借钱。在这以后，他们就会向手工业者、邻居和服务生之类的人打听这个人的经济状况。那个人在约定的时间内来找他，但是犹太人却否认有向他借钱这么一回事，或者把还钱的期限往后推，延长几周或几天甚至是几个小时也好。如果你的脸有一丝尴尬的神情，或是有看到希望时的喜悦神情，但这个犹太人却还是舍不得跟他的钱分离，不过却开始当面数钱了。他总是每次给你一点点，这种情况通过对以上情况的分析是可以料想得到的，当人们遇到这种情况，就必须要事先做好准备。

我建议，跟这类即犹太人做生意时要擦亮你的眼睛，保护好你的钱财。

9

德国许多地方的农民还受着比农奴制下更残酷的压榨和苦役。他们要干很多活，在残酷冷血的统治者压迫下喘息，在他们生活中没有自己的利益，没有自由，没有私有财产，为专制阶级劳动，而不是为自己。

谁好命，不像农民那样受那么重的压迫，而成为一个重要的有用的人，那他就能过上幸福快乐的日子，他的快乐会传递给周围人，而且连小孩子都知道他的名字。

当然一部分农民是固执倔强、爱与别人吵架且厚颜无耻的人，他们付出很少就想达到自己的目的，总是不满足，一直抱怨人们给予他们的还不够，他们还想要更多的。他们有这么卑劣的思想品质难道不是我们长期不公平对待他们和忽视对他们的教育所造成的吗？在人们对农民过度的宽容和独裁者对他们的专制统治之间难道就没有一条折中的道路了吗？我不指望一个地主会放弃对他奴隶的使用权，但他们却不应该在农民全家挨饿的时候，让他饿着肚子在严冬中被鹿和猪等动物追赶，而使自己得到娱乐。当然，独裁者不可能不向农民征税，

但他应该要顾及到农民的困难处境，同情他们的不幸遭遇，并应注意到，当税官在一定时间向他们征收税款时，如果这些农民不是没日没夜为统治阶级卖命的话，那他们搞到现金付税就不是那么困难了。

人们常对乡村学校的改善和农村人口的启蒙教育发表空洞的意见；人们也经常会思考，对一个农民来说，特别是来自下层社会的，什么程度的启蒙教育是合适的。人们应该通过给农民讲述例子，比如说民主的游行示威活动，使他们觉得他们是自己的主人；通过带有目的性的教育，摧毁他们思想上根深蒂固的愚蠢想法和迷信的封建思想；人们应该教他们书写、阅读和计算，以上做法是必要且值得称赞的。让农民养成阅读的习惯，生活在精神世界中；看到他们所处的困境不是一朝一夕能够改变的；通过接受启蒙教育，开始对自己的处境感到不满，使他们变成哲学家，明白他们的贫困处境是物质分配不均造成的；他们的品德变得高尚，行为处事都彬彬有礼。以上这些农民的变化不是不可能实现的。但没有人们的努力，是不会有纯朴、聪明和良好性格的农民存在的，他们的这种优良品德是一些受过高等教育的人都不具备的。总的来说，与农民交往，要做到对他真诚、直接、严肃和友善，而不要在他面前夸夸其谈并始终对他们保持一种态度。人们能够为自己赢得尊重和他们的信任，并对他们产生影响。

农村中的高贵人物和另一些生活在农村中的地位高的人属于一类人。人们不要容忍他们的官腔，不要被他们表面的殷勤所欺骗，不要使自己在与他们交往中处于被强迫的境地，保持尊严，不卑不亢，这样人们才能成为这类人的客人、邻居、朋友和谋士。